BREVE HISTORIA DE CRISTÓBAL COLÓN

BREVE HISTORIA DE CRISTÓBAL COLÓN

Juan Ramón Gómez Gómez

nowtilus

Colección: Breve Historia
www.brevehistoria.com

Título: *Breve historia de Cristóbal Colón*
Autor: © Juan Ramón Gómez Gómez
Responsable editorial: Isabel López-Ayllón Martínez

Copyright de la presente edición: © 2012 Ediciones Nowtilus, S.L.
Doña Juana I de Castilla 44, 3º C, 28027 Madrid
www.nowtilus.com

ISBN-13: 978-84-9967-303-5
Fecha de edición: Junio 2012

Impreso en España
Imprime:
Depósito legal: M-16.656-2012

A mi padre, por todo.

Índice

1

El despertar de Occidente

A veces el paso de los siglos parece aislar los hechos históricos, considerándolos al margen de su contexto. Es lo que ocurre cuando estos hechos se enmarcan en obras literarias, que los alteran para hacer más atractivos sus argumentos, y también cuando se celebran efemérides que los traen a la actualidad, desprovistos de todas sus causas y consecuencias. De este modo, acontecimientos extraordinarios parecen aún más increíbles, y a menudo se olvidan detalles relevantes y se tratan de analizar desde un punto de vista actual las costumbres de épocas muy diferentes. Hoy día no es raro ver cómo deportistas nacidos en un país defienden los colores de otro diferente en las competiciones internacionales. Sin embargo, la cuestión de la nacionalidad se ha convertido para muchos en un asunto nacional –a veces nacionalista– al abordar el origen de Cristóbal Colón. Otra polémica en torno a este personaje es su protagonismo real en el descubrimiento de América, denostado por teorías que hablan de vikingos, templarios y otros que se habrían adelantado a él. El hecho indiscutible, al margen de que se conociera con mayor o menor certeza la existencia de tierra al otro lado del océano, es que fue Cristóbal Colón quien la demostró a los ojos del mundo y la puso en el mapa a partir de 1492.

Sí se puede afirmar que Cristóbal Colón vivió en el momento oportuno para llevar a cabo su proyecto. La aventura colombina culminó un siglo convulso que vio terminar la guerra de los Cien Años y la primera gran crisis de la Iglesia católica, pero también el declive del Sacro Imperio Romano Germánico y la invasión turca del Imperio de Oriente. La amenaza de los otomanos y los mongoles puso fin a las rentables rutas comerciales al Extremo Oriente e impulsó la búsqueda de otros caminos, por pura necesidad, para continuar teniendo acceso a las preciadas especias. Los portugueses tomaron la iniciativa al monopolizar la ruta alrededor de África, aún en proceso de exploración, para alcanzar el océano Índico. Ante esta coyuntura, y aprovechando que Portugal renunció a la alternativa propuesta por Cristóbal Colón, concentrado como estaba en el continente negro, los Reyes Católicos impulsaron, sin saberlo, el descubrimiento geográfico más importante de la historia de la humanidad.

FRANCIA DOBLEGA A LA IGLESIA

Cuando comenzaba el siglo XIV, Francia llevaba más de trescientos años expandiéndose desde la pequeña pero próspera Isla de Francia (en francés, Île-de-France), donde fue entronizada la dinastía de los Capeto, duques de París, en 987, hacia los límites de la que había sido la Galia, delimitada por el Atlántico, el Mediterráneo, los Pirineos, los Alpes, el Jura y el Rin. A medida que había ido creciendo, sus necesidades económicas, exigidas principalmente para el mantenimiento del ejército, habían aumentado del mismo modo que su poder e influencia. Estas circunstancias concurrieron en el enfrentamiento de Felipe IV el Hermoso con el papa Bonifacio VIII a cuenta de las grandes cantidades de oro que, en forma de diezmo, salían del país camino de Roma. Tras la repentina muerte del pontífice en 1303, su inmediato sucesor, Benedicto XI, cedió ante el monarca, y un nuevo papa, el francés Clemente V, trasladó la Santa Sede a Aviñón en 1309.

Grabado que representa la sede papal de Aviñón, obra del arquitecto y jesuita francés Étienne Martellange en 1617.

La falta de liquidez estuvo también detrás de la expropiación de los bienes de la Orden del Temple en 1307 y su posterior abolición. En 1316, tras el breve reinado de Luis X el Obstinado, hijo de Felipe IV, accedió al trono su hermano Felipe V el Largo, que estableció la exclusividad del hombre en la sucesión para ser coronado en lugar de su sobrina. Con el fin de obtener apoyo y legitimación, reforzó los Estados Generales instituidos en 1314. Esta norma, que volvería a aplicarse cuando al morir Felipe fue sucedido por otro hermano –Carlos IV el Hermoso– en lugar de alguna de sus hijas, acabaría muy pronto con la dinastía de los Capeto, ya que el tercero de los hijos de Felipe IV tampoco tuvo descendencia masculina.

Con la entronización de Felipe VI, primo de los tres anteriores, se inició en 1328 una nueva dinastía, la de los Valois, frente a la reclamación de Eduardo III de Inglaterra, el único nieto varón de Felipe IV, si bien lo era por línea femenina. El conflicto sucesorio, lejos de resolverse, constituyó el origen de la guerra de los Cien Años.

El declive del poder de la Iglesia fue paralelo al del Imperio, que había visto sus fronteras reducidas a Europa central y su influencia concentrada en favor de príncipes, obispos, cantones y poderes locales.

Inglaterra cede poder al pueblo

Inglaterra alcanzó el siglo XIV de un modo bien distinto. Prácticamente un satélite de la Galia desde que Guillermo de Normandía la había conquistado en 1066, el reino experimentó un importante impulso en la segunda mitad del siglo XII, durante el reinado de Enrique II, que inició la dinastía de los Plantagenet e intentó expandir su dominio a Gales, Escocia e Irlanda. Pero la sucesión por sus hijos Ricardo I Corazón de León y Juan Sin Tierra, quien primero había usurpado el trono de su hermano y más tarde lo sucedió, derivó en la pérdida de sus amplias posesiones en la Galia, que habían llegado a ser mayores que las del rey de Francia. Los errores achacables a la torpeza del ambicioso Juan Sin Tierra dieron alas a la nobleza y al clero, que le hicieron firmar la primera Carta Magna, que evolucionó hacia un experimental constitucionalismo durante el reinado de su hijo Enrique III –un Parlamento con representantes de las ciudades que el rey debía convocar tres veces al año y del que se escogía a su Consejo Real–. Este monarca firmó en 1259 el Tratado de París, por el que Inglaterra aseguraba su vasallaje al rey de Francia y recuperaba, a cambio, parte de sus posesiones continentales.

Juan Sin Tierra firmó en 1215 la Carta Magna, que restó poder a la Monarquía.

El hijo de Enrique III, Eduardo I, fue el primero de nombre inglés. Durante su reinado (1272-1307) Inglaterra se convirtió, por primera vez, en el centro de un reino que hasta entonces había tenido su alma en la Galia. El constitucionalismo recibió nuevos impulsos, reforzados por Eduardo II hasta que fue asesinado en 1327 por orden de su esposa, Isabel, hija del rey francés Felipe IV el Hermoso. Al cumplir los dieciocho años, en 1330, Eduardo III se hizo con el trono que su madre había usurpado, y se preparó pacientemente para reclamar, en 1337, el trono de Francia como único nieto varón de Felipe IV, iniciando la que sería conocida como la guerra de los Cien Años.

La guerra más larga

Como continuación de las contiendas territoriales a las que había puesto fin temporal la Paz de París de 1259, la guerra de los Cien Años enfrentó a Inglaterra y Francia con el trono galo en disputa, lo que habría supuesto, si los Plantagenet hubieran logrado su propósito, la instauración de un nuevo imperio hegemónico en Occidente. Tan larga confrontación consistió en realidad en una sucesión de guerras —principalmente dos— separadas por períodos de paz y unidas por fines igualmente políticos y geoestratégicos. Inglaterra pretendía, entre otros objetivos, afianzar su soberanía sobre la región de la Guyena, que le suministraba los vinos que la isla no era capaz de producir. También trataba de evitar la influencia de Francia en sus exportaciones de lana a la industria textil de Flandes, cuyo conde era vasallo del rey francés, contra la tendencia favorable a Inglaterra de la burguesía local.

Precisamente en Flandes comenzó la confrontación: después de que el conde, rompiendo el tradicional vínculo comercial con Inglaterra, hiciera detener a los ingleses residentes en su territorio, el rey Eduardo III provocó el cierre de muchos talleres al dejar de suministrarles sus lanas. La reacción popular hizo huir al conde, que tuvo que dejar su tierra en manos de los burgueses, que reconocieron a Eduardo III como rey de Francia y obtuvieron su protección y la exención de impuestos a la entrada de sus productos en Inglaterra.

En 1346 la escalada bélica aumentó cuando el rey inglés desembarcó por fin en Francia; y lo hizo engañando al enemigo, que esperaba que entrara a través de sus posesiones en la Guyena, y no como sucedió en realidad, por las playas de Normandía, desde donde llegó sin problemas a los alrededores de París y, más tarde, se apoderó de Calais. A este avance le siguió una tregua de siete años, que no impidió que el nuevo conde de Flandes –nieto del anterior– recuperara sus territorios mientras se instalaba en el trono francés Juan II el Bueno, que estuvo muy influido por su yerno, el rey de Navarra Carlos II el Malo. Reanudadas las hostilidades, en 1354, Eduardo, príncipe de Gales, arrasó las posesiones francesas desde el sur y logró hacer prisionero a Juan II, al que condujo a Londres.

La supuesta debilidad del regente Carlos –joven heredero de Juan II, que años más tarde ocuparía el trono con el nombre de Carlos V el Sabio– dio poder a los burgueses, encabezados por Étienne Marcel –que pretendía instaurar un parlamentarismo similar al inglés–, y a Carlos el Malo, que le disputaron la hegemonía. No lograron arrebatársela gracias al apoyo del pueblo y a su propia inteligencia. Una vez superado el obstáculo, el regente se hizo fuerte y logró que Eduardo III firmara en 1360 la Paz de Brétigny, que le concedía amplios dominios que, sumados a los que ya tenía, constituían la mitad de la antigua Galia. A cambio, su padre regresó a Francia y recuperó el trono hasta su muerte, en 1364. Ya coronado, Carlos V, en tregua con Inglaterra, se ocupó entonces de Carlos el Malo, al que derrotó y arrebató sus posesiones en Normandía para a continuación hacerle firmar el Tratado de Aviñón, en 1365.

Pasados diez años de la Paz de Brétigny, Carlos V reanudó la guerra para recuperar los territorios cedidos a Inglaterra, y en sólo cinco años consiguió reducirlos a Calais, Bayona y Burdeos. Poco después murió el príncipe de Gales y, más tarde, su padre, Eduardo III, que había reinado cuarenta y siete años, dejando el trono a su joven nieto, Ricardo II. La nueva situación parecía poner fin a la confrontación entre los dos extremos del Canal de la Mancha, y habría ocurrido así de no ser porque en 1380, sólo tres años más tarde, falleció Carlos V de Francia, dejando el trono al aún más joven Carlos VI.

Ambos países, durante años, tuvieron que hacer frente a revueltas populares y a luchas intestinas por el poder, que en Inglaterra terminaron con la instauración de una nueva dinastía, los Lancaster, con la coronación de Enrique IV, que desposeyó del trono a su primo Ricardo II, ya mayor de edad pero rechazado por el Parlamento. Por su parte, las luchas de poder en Francia, ante la incapacidad por locura de Carlos VI, elevaron la figura de Juan Sin Miedo, duque de Borgoña, para más tarde rechazarlo y empujarlo a una alianza con Inglaterra en 1414. Esta alianza propició una nueva ofensiva bélica de los ingleses, encabezada por Enrique V, que puso París en manos del duque de Borgoña. La muerte de este a manos de un partidario del delfín francés empujó a su sucesor a afianzar su alianza con Enrique V. Este logró en 1420 que Isabel de Baviera, la esposa de Carlos VI, firmara el Tratado de Troyes, por el que desposeía a su hijo y lo reconocía a él como heredero del trono, para lo que debía casarse con su hija Catalina de Valois. Una vez más, aunque con un final muy distinto, parecía terminar la larga contienda; pero de nuevo la muerte de los monarcas inglés y francés, muy cercana en el tiempo, dio un rumbo muy diferente al que parecía ser el destino de sus pueblos.

Merced al Tratado de Troyes, el nuevo rey de Inglaterra, Enrique VI, había de ser coronado al mismo tiempo como Enrique II de Francia, pero se encontró con la oposición del anterior heredero, que se hizo coronar como Carlos VII, apoyado por un creciente sentimiento nacionalista. Entretenidos los ingleses en la conquista de Orleans tras un sitio de dos años, en 1429 la joven conocida como Juana de Arco, a sus dieciséis años, logró entrevistarse con Carlos VII para comunicarle su legitimidad en el trono, que supuestamente le había revelado el mismo Dios en una de las visiones que decía tener. Tras someter el caso al estudio de un grupo de teólogos, el rey la puso al mando de un ejército con el que Juana logró vencer a los ingleses y romper el cerco de Orleans. Ese mismo año, Carlos VII fue coronado en Reims.

La captura de Juana de Arco en un grabado de Paul Lehugeur del siglo XIX.

En 1430 Juana de Arco fue capturada por los borgoñeses y entregada a los ingleses, que la procesaron para hacer que abjurase de sus visiones. Finalmente fue quemada en la hoguera sin obtener esa declaración, lo que a la postre dio mayor legitimidad a sus profecías. Borgoña volvió a la esfera del rey francés y dejó a Inglaterra sin su principal aliado en el continente. Carlos VII recuperó París en 1436, y en 1444 se alcanzó la tregua de Tours, a instancias del papa.

En 1449, la inclinación del duque Francisco de Bretaña a aliarse con Francia fue respondida con un ataque desde Inglaterra que Carlos VII aprovechó para reanudar la guerra. En agosto de 1450 Normandía ya era de nuevo francesa, y sólo Calais, en el ducado de Borgoña, y la Guyena permanecían en poder de Inglaterra. Esta última, de larga tradición inglesa, tardó tres años en caer en manos francesas, con la conquista de Burdeos en octubre de 1453 que puso fin a la guerra de los Cien Años.

Las nuevas luchas de poder en Inglaterra, en la que fue la guerra de las Dos Rosas, enfrentaron a los partidarios de los Lancaster –representados por una rosa roja– con los de los York –cuyo emblema era una rosa blanca–, que seguían considerándose reyes de Francia pero no tenían capacidad para reanudar la guerra. Finalmente Inglaterra alcanzó la estabilidad con Enrique VII, heredero por línea femenina de los Lancaster y casado a su vez con Isabel de York, única hija viva de Eduardo IV. Se inició así la dinastía de los Tudor.

Uno de los grandes beneficiados de la larga guerra fue el ducado de Borgoña, unido a Flandes desde 1369 por matrimonio del duque con la heredera, ampliado más tarde por habilidades diplomáticas, aliado en ciertos momentos a Inglaterra y entroncado finalmente, mediante otro matrimonio, a la Corona española en las personas de Felipe el Hermoso y Juana la Loca, heredera de los Reyes Católicos.

LA IGLESIA SE OLVIDA DE DIOS

La primera gran crisis de la Iglesia tuvo sus inicios al mismo tiempo que se iba fraguando tan larga confrontación. La mecha se encendió con el enfrentamiento entre el papa Bonifacio VIII y el rey Felipe IV de Francia, que no accedía a someterse al poder pontificio y terminó siendo excomulgado. Este, lejos de arredrarse, humilló al papa con un secuestro violento en su propia residencia que, si bien duró tan sólo unas horas, acabó conduciéndolo a la muerte tres días más tarde.

Despejado el terreno, Felipe IV logró que la sucesión en el trono de Pedro fuera a parar a manos de un títere que, con el nombre de Clemente V, fue coronado en Lyon y vagó por diversas ciudades francesas hasta que en 1309 fijó la residencia papal en Aviñón, en detrimento de Roma. La nueva sede fue producto tanto de la influencia francesa como de la situación cada vez más irrelevante y periférica de la Ciudad Eterna, ante el avance musulmán y la independencia del Imperio de Bizancio. A este traslado se sumó la corrupción económica de la Iglesia, que, en busca de fuentes de financiación que la sostuvieran, llevó a niveles extremos la comercialización de bulas de todo tipo.

Felipe IV aprovechó cuanto pudo su influencia en la curia pontificia y, de este modo, cuando no logró que el papado de Bonifacio VIII fuera condenado, arrancó a cambio su permiso para procesar a los templarios y hacerse con las inmensas riquezas que estos habían amasado durante doscientos años, decisión que, por cierto, cayó como un regalo del cielo a otras monarquías europeas que no dejaron pasar la ocasión para hacerse con los bienes de aquella orden.

Las muertes en 1314 de Felipe IV y Clemente V no mejoraron la situación en la Iglesia. El nuevo papa, Juan XXII, quiso primero influir en la sucesión del

Imperio, que finalmente se decidió por las armas, y luego escogió como vicario imperial para Italia a Roberto de Nápoles, un enemigo del nuevo emperador, lo que produjo nuevos quebraderos de cabeza a la máxima representación de los católicos. Tras hacerse con la corona, Luis de Baviera reunió un concilio de enemigos del papa para que lo excomulgaran, y este, a su vez, excomulgó al emperador, que decidió ir a Roma para ser coronado y elegir personalmente a un nuevo papa en lo que fue el primer cisma de la Iglesia, después del que en el siglo XI había separado a Roma de Constantinopla. Duró bien poco, pues Nicolás V pronto se puso a disposición de Juan XXII.

En 1334 ascendió al papado Benedicto XII, que inició una suave reforma con escasos efectos que fueron rápidamente borrados por su sucesor, Clemente VI. Lejos de regresar a la idea de pobreza de la Iglesia, este pontífice volvió a aumentar las fuentes de ingresos, compró la ciudad de Aviñón y comenzó la construcción de un majestuoso palacio.

En Roma, sin embargo, no renunciaron al regreso de los papas, pero había muchos intereses enfrentados al respecto. Urbano V llegó a instalarse en Roma en 1367, pero se vio obligado a volver a Aviñón en 1370, poco antes de morir. Su sucesor, Gregorio XI, intentó someter los Estados Pontificios sin abandonar su residencia francesa, pero finalmente decidió acudir a Roma en 1377, donde permaneció hasta su muerte, un año más tarde, aunque guardaba la intención de cambiar de nuevo su residencia.

La lucha por la sucesión de Gregorio XI y, sobre todo, por la elección de la sede papal, acabaría provocando el gran Cisma eclesiástico de Occidente. La muerte del papa en Roma sirvió para que la elección del nuevo pontífice se hiciera allí, a pesar de que la mayoría de la curia permanecía en Aviñón. Urbano VI logró conciliar ambas corrientes, pero no tardó en enemistarse con algunos cardenales, que huyeron y se esforzaron en anular su elección. Ese mismo año de 1378 eligieron a un nuevo papa, Clemente VII, que se instaló en Aviñón, y la cristiandad se dividió entre los fieles de ambas corrientes, con amplias masas de neutrales.

Entre 1378 y 1417, dos papas rigieron la Iglesia desde Aviñón, mientras que fueron cuatro los que gobernaron desde Roma. Benedicto XIII, el aragonés conocido como el Papa Luna, perdió el apoyo de Francia y tuvo que dejar Aviñón en 1403 para instalarse en Perpiñán y, finalmente, en Peñíscola, protegido por los reyes de Aragón. Pero su interés por influir en la sucesión de este reino en 1412 lo enemistó con los Trastámara, que se hicieron con el trono.

Mientras tanto, en 1409 se había celebrado el Concilio de Pisa, mediante el cual la mayoría de los cardenales de ambos papados pretendían llegar a una solución que devolviera la unidad a la Iglesia. Lejos de eso, eligieron a un nuevo papa que debía reemplazar a los otros dos pero que, en realidad, ante la oposición de ambos, se convirtió en el tercero en discordia. Olvidados ya por completo de su papel como conductores de las almas de la cristiandad, los poderosos jerarcas de la Iglesia ya no simulaban su ambición de poder terrenal.

Fue el emperador Segismundo de Alemania quien consiguió dar solución al conflicto, al convocar un nuevo Concilio en Constanza en 1414. El propio concilio logró arrancar la renuncia del papa de Pisa, Juan XXIII —nada que ver con el papa del siglo xx, pues al no ser el de Pisa reconocido por el Vaticano, su nombre no se incluye en la lista de papas—, y del de Roma, el anciano Gregorio XII, y gobernó la Iglesia durante dos años. No obtuvo la renuncia del Papa Luna, que se refugió en la costa de lo que hoy es Castellón y resistió casi solo hasta su muerte, en 1423. Su heredero, Clemente VIII, puso punto final al cisma al renunciar poco después de su elección y someterse al pontífice que el concilio había designado en 1417, que se hizo llamar Martín V y no dudó en sentar su sede en Roma.

Arriba, ilustración de un libro antiguo que representa el Concilio de Constanza, a comienzos del siglo XV.
A la derecha, retrato de Rodrigo Borgia, que accedió al papado en 1492 con el nombre de Alejandro VI.

Si bien el gran Cisma se había cerrado, la Iglesia aún padecería graves enfrentamientos a lo largo de los años, tanto internos como externos, a cuenta del poder terrenal y las prácticas corruptas que su apetito produce. La tiranía y el nepotismo se hicieron pronto habituales en los Estados Pontificios, y los papas no buscaban ya el poder y el enriquecimiento de la Iglesia tanto como el suyo personal y el de sus familiares. Y así iban surgiendo poderosas corrientes enfrentadas.

Tras el breve pontificado del español Calixto III (1455-1458), entre cuyos escasos abusos reseñables se cuenta el de haber nombrado cardenal a su sobrino Rodrigo Borgia, llegaron los de Pío II, Pablo II y Sixto IV, que accedió al trono de Pedro en 1471 para ejercer un poder absoluto y exhibir una falta de escrúpulos impropia de su posición: adulterios, matrimonios de conveniencia, asesinatos... Todo era válido para satisfacer sus deseos y aumentar su poder y riquezas.

Le sucedió Inocencio VIII (1484-1492), y en el año del descubrimiento de América fue elegido Rodrigo Borgia, que tomó el nombre de Alejandro VI y no dudó en imitar las peores prácticas de sus antecesores —exageradas sin pudor por la rumorología a través de los siglos—, lo que llevaría a sus sucesores a iniciar, en 1507, una profunda reforma de la Iglesia.

Entre sus prerrogativas, los papas mantuvieron su capacidad de intermediación entre algunas monarquías enfrentadas, como ocurrió entre España y Portugal en su carrera por la búsqueda de una ruta marítima a las Indias. Las bulas *Romanus Pontifex* (1454), de Nicolás V, e *Inter Caetera* (1456), de Calixto III, favorecieron a Portugal al garantizarle la exclusividad de la navegación por la costa africana. Tras el hallazgo de la ruta occidental a las Indias por parte de Cristóbal Colón —en realidad, el descubrimiento de un nuevo continente—, una nueva bula, llamada también *Inter Caetera* y promulgada por

Alejandro VI en 1493, dividió las zonas de influencia de ambos reinos, pero el Tratado de Tordesillas alcanzado por estos en 1494 al margen del papa valenciano lo dejó en papel mojado.

Los restos del Imperio

El Sacro Imperio Romano Germánico no había dejado de perder influencia desde que disputó al pontificado el dominio universal *(Dominium mundi)* durante los siglos XI y XII. En el siglo XIV apenas había reducido su territorio al ámbito alemán. De hecho, el nacionalista Carlos IV, emperador entre 1347 y 1378, renunció a las aspiraciones sobre Italia y al mismo tiempo restó privilegios al papa, que vio limitada su autoridad a la mera consagración de los emperadores, sin capacidad de influencia en su elección, que quedaba en manos de los siete príncipes electores.

El poder del Imperio fue mermado aún más con la separación de los cantones suizos en 1388, y sólo recuperó cierta lozanía con la elección de un Habsburgo en 1410, después de cien años sin que esta Casa accediera al trono imperial. Se trató de Segismundo, quien, como ya se ha dicho, influyó decisivamente en la solución del gran Cisma de Occidente. Sin embargo, otros dos Habsburgo dieron al traste con lo poco que al Imperio le quedaba de autoridad en Europa, especialmente el segundo, Federico III, más preocupado por aumentar su propio patrimonio. Aun así, no sólo no fue capaz de frenar a los turcos, imparables tras la toma de Constantinopla en 1453. Sus propios dominios de Hungría y Bohemia se independizaron de Austria y el caudillo húngaro Matías Corvino, poco satisfecho al parecer con su separación, invadió sus posesiones y llegó a entrar en Viena en 1485.

LA AMENAZA TURCA

La guerra de los Cien Años descuidó el oriente europeo y propició la conquista de los Balcanes y la caída de Constantinopla en manos de los turcos. El Imperio Oriental había actuado durante siglos como parapeto de Occidente ante los intentos de expansión de los musulmanes. Los turcos consideran fundador de su nación a Osmán (1258-1326). Debido a su pronunciación en Occidente (Otmán), fueron llamados otomanos por los europeos. Su hijo Orkán amplió su territorio hasta el estrecho de El Bósforo y logró establecer enclaves en la costa europea. Suleimán, hijo de Orkán, continuó hasta su muerte la conquista de ciudades del lado europeo, pese a la oposición de su padre. Su hermano Murat tomó Adrianópolis y la convirtió en capital. Desde allí los turcos lucharon contra los serbios, también en plena expansión, mientras Constantinopla esperaba casi indefensa a que el vencedor se adueñara de ella.

Tras derrotar a los serbios, los turcos hubieron de vérselas con los mongoles, que se presentaron en Asia Menor por la puerta de atrás y lograron doblegarlos. Pese a ello, por sorpresa tomaron el camino de vuelta y dejaron a los turcos en medio de una guerra civil por la sucesión, que disputaron cinco herederos entre 1402 y 1421. Finalmente, Murat II, hijo de uno de ellos, ascendió al trono y puso sitio a Constantinopla como represalia por su apoyo a otros aspirantes.

El papa Eugenio IV organizó una cruzada de apoyo al Imperio Oriental que, de triunfar, bien podría haber puesto fin al cisma que separaba a las dos iglesias católicas, pero los turcos vencieron a los cristianos en 1444. Mehmet II, hijo de Murat, reemprendió la conquista de Constantinopla en 1453 con un ejército colosal que, tras apenas dos meses de sitio, entró en la ciudad enfrentándose a una débil pero valiente defensa que nada pudo hacer frente al pillaje y los abusos de unos soldados, cuyo único cuidado aquel día se puso en no destruir los hermosos edificios de una ciudad que el sultán ambicionaba. No hubo esta vez apoyo de la Iglesia hermana, que había condicionado la convocatoria de una nueva cruzada a la sumisión de los ortodoxos a la autoridad de Roma.

Después de tomar la capital del que había sido el poderoso Imperio romano de Oriente, el sultán otomano no tuvo dificultades para hacerse con Grecia, Serbia, Valaquia, Bosnia y Albania. Su primera derrota la cosechó en la isla de Rodas, que no logró arrebatar a los cristianos.

El primer muro entre Europa y Asia

El avance musulmán y la amenaza de los mongoles pusieron freno a las rutas comerciales establecidas con el lejano Oriente a partir de las expediciones de Marco Polo y otros occidentales que viajaron a Catay y Cipango, es decir, a China y Japón. En estas rutas comerciales, dibujadas en los mapas por los buscadores de especias más allá del mundo conocido, se encontraron además otros artículos de lujo que el incipiente capitalismo pronto convirtió en nuevo objeto de deseo para los europeos, con especial protagonismo de la seda. En el siglo XV el intercambio alcanzaba también a la cultura, con el idioma, el arte y la religión contribuyendo a un enriquecimiento mutuo de las civilizaciones.

Las rutas comerciales por tierra, que habían sido controladas fundamentalmente por los italianos –con Venecia y Génova al frente–, perdieron interés al tiempo que crecían otros factores, como las mejoras tecnológicas de la navegación y la exploración de la costa

Ilustración del Atlas catalán, hacia 1375, que representa a
Marco Polo recorriendo la Ruta de la Seda.

africana promovida por Portugal en su expansión comercial iniciada en el siglo XIII.

La narración de Marco Polo, que es la auténtica razón por la que este personaje obtuvo un lugar destacado en la historia, cautivó a los exploradores occidentales con la descripción de tan vastas riquezas como decía haber visto. Todo ello a pesar de la exageración que ya en su época le achacaban sus detractores. *Los viajes de Marco Polo,* conocido entonces como el *Libro de las maravillas,* actuó como incentivo para reyes y exploradores que trataron de llegar a Catay y Cipango por rutas alternativas que colmaran sus necesidades comerciales, a ser posible con un monopolio que los protegiera frente a las naciones rivales.

El Gran Khan descrito por el veneciano resultaba no ser un bárbaro, sino un gobernante magnánimo y civilizado, algo sorprendente entonces para unos europeos que se creían el ombligo del mundo. Pero esta figura desapareció en 1368 cuando una sublevación en China acabó con el Imperio mongol para fundar la dinastía Ming. Pronto surgió otro líder de los mongoles en la cercana Samarcanda, Tamerlán, que hizo expediciones, más de saqueo que de conquista, hacia India, Bagdad y Asia Menor.

En cuanto a Japón, después de rechazar una invasión de los mongoles unos años antes, en 1300 se dividió en dos imperios, uno al norte y otro al sur. La división duró casi un siglo, durante el cual mejoró la relación con China, con la que se establecieron lazos comerciales. Para los europeos, Japón no fue más que una tierra conocida por referencias a través de los chinos hasta que unos navíos portugueses naufragaron en su costa en 1543. Por eso, hasta entonces era conocido por su nombre en chino mandarín: Cipango.

PORTUGAL SE ENAMORA DEL OCÉANO

La era de los descubrimientos que estaba por llegar tuvo entre sus precursores al portugués Enrique el Navegante, hijo de Juan I, que obtuvo su apodo de su empeño en mejorar la tecnología para emprender expediciones marítimas que dieran a su país la hegemonía sobre el océano. En 1416 inició la construcción en la actual Sagres de una ciudad con una escuela que habría de convertirse en el centro del conocimiento mundial sobre navegación y cartografía, y a la que acudirían los mejores marinos y cartógrafos.

Desde el siglo XIII la economía lusa se había diversificado desde la tradicional, basada en la agricultura y la ganadería, a una más comercial que precisaba para su crecimiento de mercados en los que comprar y vender sus mercancías. A la necesidad de especias para conservar los alimentos, se había sumado el creciente apego que en Europa se había extendido por las ricas mercancías que llegaban de Oriente –a través del Mediterráneo en su última etapa–, controladas por los italianos. Para competir con ellos, era necesario buscar una nueva ruta, y los portugueses pronto se decidieron por navegar rodeando el continente africano, convencidos de que encontrarían por el sur un camino para llegar a las Indias. Este reto, que tan sencillo parece hoy, consistía en explorar una costa totalmente desconocida para los europeos. La referencia poco clara de que los fenicios habían logrado tal empresa les animaba tanto como las leyendas que hablaban de ríos de oro en África y de la posibilidad de encontrar el paraíso terrenal en su camino a Asia.

Los primeros descubrimientos atribuibles al impulso de Enrique el Navegante son los de Madeira y las Azores. También se le puede agradecer al infante de Sagres el perfeccionamiento de las naves, cuyo principal producto fueron las carabelas, más preparadas para combatir la fuerza del océano que las galeras mediterráneas. La nao fundamentalmente venía a ser igual que la carabela, sólo que con dos cubiertas en lugar de una; bajo la cubierta superior, que ocupaba la zona de popa de la embarcación desde el palo mayor, se encontraban las dependencias de la tripulación.

En 1434 los portugueses pasaron por primera vez el cabo Bojador, y en 1444 doblaron el cabo Verde y alcanzaron Guinea. En la siguiente década la inversión ya era rentable gracias al oro disponible en aquellas tierras, y descubrieron el archipiélago de Cabo Verde. Cuando falleció Enrique el Navegante, en 1460, ya se había explorado la costa africana hasta Sierra Leona. Con su falta, durante unos años las expediciones portuguesas perdieron fuelle hasta que las recuperó en 1474 el príncipe Juan, que en 1481 se proclamaría rey.

Hasta 1488 no se alcanzaría el cabo de Buena Esperanza, el punto más meridional del continente y la culminación de la primera etapa de una exploración que aún tenía pendiente llegar a la costa asiática.

La ambición de los portugueses por controlar todas las tierras del océano impulsaron vanos intentos de hacerse con las islas Canarias, en manos de la Corona de Castilla, por la fuerza (1424), mediante la diplomacia (1433) y, finalmente, por mediación del papa, que tampoco fructificó en su favor. Sí arrancaron las dos bulas anteriormente mencionadas, que concedían a Portugal la exclusividad en la exploración de la costa africana y su dominio sobre las tierras que fueran descubiertas.

Portugal seguía sin renunciar a las islas Canarias y cuando falleció Enrique IV de Castilla, intervino en la guerra de sucesión. Isabel, princesa de Asturias, casada con Fernando de Aragón, se proclamó reina en 1474. Pero Alfonso V de Portugal se casó en 1475 con su oponente, Juana la Beltraneja, y luchó en favor de ella y con el apoyo de Francia para hacerse con el trono castellano. Al mismo tiempo, Isabel atacaba las posesiones atlánticas de Portugal para romper su monopolio.

Finalmente, Portugal fracasó en su asalto a la Corona castellana, mientras que Castilla hubo de desistir de su ofensiva contra el comercio luso. El Tratado de Alcaçovas-Toledo puso fin a la guerra con el reconocimiento mutuo, y Portugal renunció finalmente a las islas Canarias, que habían perdido relevancia para ellos gracias a su afianzada posición en el continente negro. Este tratado, que premiaba ampliamente la iniciativa portuguesa de explorar el Atlántico al darle prácticamente la exclusividad, serviría curiosamente como arma arrojadiza cuando años después un nuevo protagonista de dimensiones colosales entró en juego: las Indias Occidentales.

CUANDO AMÉRICA NO ERA AMÉRICA

La América precolombina o, por decirlo de un modo más adecuado a la historia que aquí abordamos, lo que Cristóbal Colón creyó que era el oriente asiático, en el que buscaría sin descanso las tierras de Cipango y Catay y a figuras como el Gran Khan de los relatos de Marco Polo, era un enorme continente aislado del resto del mundo. Sus pobladores apenas se habían interrelacionado entre sí, lo que produjo diversas civilizaciones de muy diferente calado. Mientras algunas no habían llegado a desarrollar un lenguaje escrito, otras habían alcanzado grandes avances científicos.

Los indios de Norteamérica, en el siglo XV, estaban divididos en aproximadamente seiscientas tribus de carácter casi siempre nómada. Vivían fundamentalmente de la caza, y también recolectaban frutos de plantas. Otros se dedicaban a la pesca, y algunos habían comenzado a practicar una agricultura rudimentaria. Existía el intercambio de productos entre tribus vecinas, mientras que en otras ocasiones una enemistad manifiesta impedía todo comercio. No conocían los caballos, que serían introducidos más adelante en el continente por los españoles. El arco y la flecha eran la principal arma y el elemento común más destacado entre las diversas etnias. A pesar de no haber desarrollado un lenguaje escrito, tenían una rica cultura e inventaron un ingenioso medio de comunicación a distancia: las señales de humo.

Más al sur, otros pueblos habían logrado mayores avances culturales y científicos, y se habían llegado a crear grandes imperios. Uno de ellos, el azteca, se desarrolló en México a partir del siglo XIV. En su seno se formaron importantes ciudades que rivalizaban por la hegemonía, entre las que destacó Tenochtitlán, y se diseñó el calendario azteca. La crueldad y los sacrificios

Los incas vivieron en los Andes y construyeron ciudades como Machu Picchu, mientras los mayas, que también dejaron restos de su avanzada arquitectura, compartieron Centroamérica con los aztecas.

humanos eran moneda común en este pueblo. La religión y su organización política y económica, así como la medicina, la arquitectura y las manifestaciones artísticas, dan buena muestra del grado de civilización que alcanzó este pueblo.

En el istmo centroamericano también destacaron los mayas, que desarrollaron la escritura y la astronomía. Mientras sus vecinos aztecas serían sometidos por los españoles cuando se inició la conquista del continente, el Imperio maya comenzó a descomponerse solo años antes de la llegada de los exploradores del Viejo Continente a causa de las luchas intestinas. Este pueblo también había construido ciudades importantes, de las que han quedado en pie los más bellos hitos arquitectónicos del continente. El maíz, igual que para los aztecas, tenía una gran importancia como base para su alimentación. Además, criaban abejas para recolectar miel, difundieron el uso del tabaco y aprendieron a preparar chocolate a partir de los granos de cacao.

Ya en Sudamérica encontramos, entre otros pueblos que alcanzaron la organización política, la arquitectura y la escultura, la tercera gran civilización precolombina, el Imperio inca, que aunó numerosas tribus en la cordillera de los Andes y desarrolló una importante cultura desde el comienzo del segundo milenio. Sus dos principales núcleos estaban en el lago Titicaca y en la región de Cuzco, entre cuyas ciudades destaca por su belleza Machu Picchu. Debido a los contrastes climáticos, existían diferencias culturales, sobre todo en lo referente a la vestimenta y la vivienda, entre los habitantes del interior montañoso y los de la costa. El maíz era muy importante también para los incas, que además dieron gran relevancia a los cultivos de coca. Cultivaron en terrazas para aprovechar al máximo un terreno abrupto, levantando pequeños muros en la montaña y rellenando los huecos para convertir la ladera en amplios escalones en los que sembrar, e incluso desarrollaron avanzados sistemas de riego. Domesticaron varias especies animales, para compañía y para el uso de la carne y de la lana. Su industria metalúrgica era más destacada que la de los otros imperios, así como ocurrió con la cerámica y los tejidos. Su red de caminos, construidos con piedra y tierra, fue fundamental para su expansión.

El nuevo continente guardaba, pues, grandes civilizaciones que se perderían prácticamente con la conquista por parte de los europeos, más preocupados por su expansión que por conservar, cuidar o al menos respetar unas culturas que no supieron o no quisieron entender. La búsqueda de oro y riquezas era uno de sus principales objetivos. Además, encontrarían otros tesoros que con el tiempo adquirirían una enorme relevancia en Europa, como fueron la patata, el tomate, el maíz, el cacao, el tabaco, el aguacate, la chirimoya, la guayaba, el higo chumbo, la papaya, la batata, la calabaza, el algodón, el anacardo, el cacahuete, la judía, la quina e incluso la coca.

2

La España de los Reyes
Católicos

Al comenzar el siglo XV, cinco Estados se repartían la
península ibérica: Castilla, Aragón, Navarra, Granada y
Portugal. Mientras Aragón llevaba siglos expandiendo
su poderío por el Mediterráneo, y Castilla se entretenía
en luchas intestinas y en la reconquista del territorio
aún dominado por los musulmanes, Portugal, ya defi-
nido geográficamente, se lanzó pronto a la navegación
por el Atlántico y a la exploración y explotación de las
costas africanas, inmerso en la búsqueda de una ruta
alternativa hacia las Indias bordeando el continente.
Una situación propicia para que los Reyes Católicos,
una vez culminada la conquista de Granada, respalda-
ran la expedición de un marino que les propuso burlar
los esfuerzos lusos creando una nueva ruta de las especias a través del Atlántico: un tal Cristóbal Colón cuya
aventura acabaría convirtiendo a España en el Imperio
donde nunca se ponía el sol.

Navarra, un trofeo en la lucha de Castilla y Aragón

El reino de Navarra hizo un decidido acercamiento a sus vecinos Castilla y Aragón tras la coronación de Carlos III en 1387. El nuevo monarca aceptó, como ellos, al papa de Aviñón, se casó con Leonor de Castilla, hija de Enrique II, y procuró un entendimiento diplomático con Francia e Inglaterra, con los que se había enfrentado su padre. Fallecidos sus dos herederos varones al comenzar el nuevo siglo, y su hija mayor una década más tarde, alcanzó el final de su vida, en 1425, con su reino inmerso en una paz estable y con una floreciente economía.

Blanca de Navarra, segunda hija de Carlos, se convirtió en heredera en 1420. Viuda desde hacía once años de Martín de Sicilia, con el que no tuvo descendencia, gobernó aquella isla hasta su regreso. Para garantizar la sucesión, se casó en 1420 con el infante Juan de Aragón, mucho más joven que ella. Del matrimonio nació en 1421 el príncipe Carlos, para el que su abuelo creó el principado de Viana, título que desde entonces habrían de ostentar los herederos del reino.

Conforme al acuerdo de las Cortes de Navarra a la muerte de Blanca, que acaeció en 1441, el príncipe de Viana accedería al trono. Sin embargo, Juan de Aragón no cedió la Corona y la mantuvo hasta su fallecimiento, en 1479, apoyado en el testamento que había dejado su esposa, que si bien declaraba a su hijo como único heredero, indicaba que sólo habría de usar su título con el consentimiento paterno. En 1440, la infanta Blanca se casó con el príncipe Enrique, heredero de Juan II de Castilla.

El empeño de Juan por influir en la Corona de Castilla lo alejó de Navarra durante el reinado de Blanca, entregada al gobierno de su pueblo. Y durante otros diez años dejó el gobierno de Navarra en manos del

Retrato del príncipe de Viana, según interpretación del
pintor José Moreno Carbonero en 1881.

príncipe de Viana. En 1447 se casó en segundas nup-
cias con Juana Enríquez, hija del almirante de Castilla,
y fruto de este matrimonio nacería Fernando de Aragón, más tarde llamado El Católico.

Castilla acabó mediando en favor del príncipe de
Viana y del clan de los Beaumont, enfrentados a los

41

Agramont, partidarios de Juan II. La situación derivó en un conflicto abierto entre ambos bandos y la decisión del rey de facto de desheredar a su hijo, y también a su hija Blanca, para poner en primera línea de sucesión a su otra hija, Leonor. El embrollo se haría aún más imbricado con los sucesivos planes trazados sobre la marcha por Juan II, que en 1458 heredó la Corona de Aragón y dos años más tarde hizo apresar a su hijo. La reacción de los catalanes, que habían reconocido a Carlos como heredero, le obligó a liberarlo. Pero el príncipe de Viana falleció un año más tarde y cerró en falso el conflicto dinástico.

Antes que Juan II, fallecieron la princesa Blanca y el marido de Leonor, que heredaría viuda una corona que sólo sostuvo quince días. Tras su repentina muerte el reino quedaba en manos de su nieto Francisco Febo, menor de edad, entroncado con la dinastía francesa de Valois. Su madre, Magdalena, hermana de Luis XI, ejerció la regencia y logró la paz, pero el heredero falleció en 1483 y el trono pasó a su hermana, Catalina de Foix, que contaba trece años.

Fernando de Aragón e Isabel de Castilla propusieron que su hijo Juan se casara con la joven reina, pero Magdalena, que seguía de regente, prefirió a Juan de Albret, propuesto por su hermano, Luis XI, rey de Francia. Aunque la opción fue en principio aceptada, Fernando el Católico acabó invadiendo el reino y anexionándolo a la Corona de Castilla en 1515, aunque respetando su fuero.

Aragón, una potencia mediterránea

El reino de Aragón hizo durante muchos años de nexo comercial entre sus vecinos ibéricos, los países europeos y el Mediterráneo, con cuatro grandes núcleos de negocios:

Barcelona, Zaragoza, Valencia y Mallorca, capitales de los cuatro reinos en que se dividía (Cataluña, Aragón, Valencia y Mallorca). Esta expansión desembocó en la creación de los consulados del mar para mediar en los conflictos marítimos y comerciales de los mercaderes aragoneses en ciudades de Cerdeña, Sicilia, el Sacro Imperio Romano Germánico, el reino de Nápoles e incluso el sur de Grecia y el norte de Túnez. La construcción naval y la cartografía del reino alcanzaron relevantes progresos en ese período.

La crisis europea del final de la Edad Media tardó más en llegar a Aragón, en la segunda mitad del siglo XIV, gracias a la expansión que había logrado en su empeño de conquistar las tierras de los musulmanes en la Península. Y aunque fue más tardía, aquella crisis se instaló con la dureza que suponen continuas hambrunas alternadas con brotes de peste que diezmaron la población antes de alcanzar el siglo XV.

Los últimos reyes de la Casa de Barcelona, Juan I y Martín I, tuvieron que hacer frente a revueltas de campesinos, a las que reaccionaron moderadamente y con un impulso pacificador. El antisemitismo absorbió parte del descontento social con los asaltos de 1391 a las juderías de muchas ciudades y pueblos. Los primeros Trastámara mantuvieron la política conciliadora, y no fue hasta 1484 que Fernando el Católico tuvo que intervenir en una nueva revuelta a la que puso fin en 1486.

La extinción de la Casa de Barcelona comenzó cuando, al fallecer Juan I después que sus seis hijos varones, la Corona de Aragón pasó a su hermano Martín I. Este, a su vez, perdió a sus dos hijos mayores; el último varón, Martín el Joven, llegó a reinar en Sicilia, pero murió en 1409, un año antes que su padre, y dejó la Corona de Aragón sin heredero directo.

Durante dos años diversas facciones defendieron a sus respectivos candidatos, hasta que se impuso Fernando de Antequera, nieto de Pedro IV de Aragón e hijo de Juan I de Castilla y Leonor de Aragón. El apoyo del papa Benedicto XIII, refugiado en Peñíscola con apoyo de ambas coronas, fue fundamental para el ascenso del iniciador de la dinastía de los Trastámara en Aragón, que era además regente de Castilla durante la minoría de edad de su sobrino Juan II. Fernando I de Antequera fue elegido por una mayoría de seis votos en el Compromiso de Caspe, la reunión de nueve compromisarios (tres aragoneses, tres catalanes y tres valencianos, pero ningún mallorquín) en la que se delegó la decisión final.

A Fernando I le sucedieron sus hijos Alfonso V (1416-1458) y Juan II (1458-1479), al que ya hemos conocido como rey de facto de Navarra, y Fernando el Católico, hijo de este último, que heredó la corona en 1479.

Fernando el Católico en un grabado de Serra del siglo XIX.

Con grandes intereses aún en Castilla, dos hijos de Fernando I, Juan y Enrique, trataron de hacerse con la regencia del reino cuando su padre fue coronado en Aragón. La disputa entre ambos propició el ascenso de Álvaro de Luna, que cobraría gran protagonismo en el devenir de la Corona castellana. Alfonso V de Aragón, entretenido en la expansión mediterránea, logró reconciliar a sus hermanos, pero acabó perdiendo la influencia familiar en Castilla.

Al ascender al trono su hermano Juan II, que reinaba ya en Navarra como hemos visto, logró el impulso necesario para derrotar y expulsar de nuevo de Castilla a Álvaro de Luna. Enfrentado a su hijo el príncipe de Viana, la muerte de este no le restó problemas, pues por la Capitulación de Villafranca del Penedés en 1461 cedía a su hijo Carlos, y a su muerte a Fernando, el cargo de lugarteniente de Cataluña. Como quien iba a ser rey de Aragón años más tarde era aún menor, pero el propio Juan II no tenía autorización para entrar en el reino de Cataluña sin permiso de sus instituciones, fue su madre, Juana Enríquez, la que acudió como lugarteniente con su hijo y conspiró para restablecer la potestad de su marido, rey sin reino.

La situación derivó en una guerra civil que entre 1462 y 1472 enfrentó a Juan II con los catalanes, que trataron de situar en su lugar a Enrique IV de Castilla, que rehusó, y más tarde al condestable Pedro de Portugal, que perdió la vida en 1466 sin haber puesto fin al conflicto. El siguiente fue Renato I de Anjou, que tampoco logró vencer a Juan II. Este se impuso en 1472 y en la Capitulación de Pedralbes anuló las deshonrosas concesiones que había hecho en la de Villafranca del Penedés y que habían originado el enfrentamiento.

Tras su casamiento con Isabel la Católica, y atendiendo al tratado que los dos grandes reinos peninsulares habían firmado, Fernando el Católico se convirtió en rey de Castilla en 1475, en igualdad de condiciones con su esposa. Cuatro años más tarde, a la muerte de su padre, heredó a su vez el reino de Aragón, que, por ironías de la historia, no consideró a Isabel reina legítima sino tan sólo consorte.

Los hijos ilegítimos de Castilla

En el vecino reino de Castilla, la dinastía de los Trastámara, surgida de la relación del rey Alfonso XI con Leonor de Guzmán, se impuso a la línea legítima tras una guerra civil en la que Pedro I hubo de hacer frente a sus hermanastros, terminó asesinado en 1369 y sucedido por el primer rey del nuevo linaje, Enrique II.

Bisnieta de Alfonso IX de León, nieta de Guzmán el Bueno y casada con Juan de Velasco, Leonor de Guzmán enviudó en 1328, un año después de conocer a Alfonso XI, que ocupó su corazón desde entonces hasta 1350, a la muerte del monarca castellano. Todo ello mientras Alfonso XI estaba casado con María de Portugal, hija de Alfonso IV, que, airado por el trato recibido por su hija, llegó a enfrentar su ejército al de su vecino.

Leonor tuvo nueve hijos y una hija de aquella relación con Alfonso, de los que sobrevivieron cinco. El mayor, Enrique, conde de Trastámara por herencia de su protector Rodrigo Álvarez de Asturias, se enfrentó a su hermanastro, Pedro I, el legítimo heredero del reino, y lo derrotó en la batalla de Nájera en 1369. De este modo, accedió al trono e inició la dinastía Trastámara, que permanecería en el poder hasta ser relevada por los Austrias a la muerte de Juana la Loca, Trastámara por vía doble al descender su padre, Fernando el Católico, de la estirpe iniciada en Aragón por Fernando de Antequera.

Por su parte, Leonor de Guzmán llegó a sumar un extenso patrimonio al suyo propio, que le fue arrebatado por su enemiga María de Portugal junto a su libertad y su vida. María de Portugal intentó también despojar del trono a su hijo con el apoyo de algunos nobles leoneses, hasta que finalmente falleció en 1357. Tanto Pedro I como Enrique de Trastámara siguieron la línea de su padre en el aspecto amoroso, con hijos fuera de sus matrimonios oficiales.

El siguiente en la línea de sucesión fue su hijo Juan I, que logró doblegar a los recelosos portugueses y casarse con Beatriz, hija del rey lusitano. Pero cuando aquel trono quedó vacante y él trató de hacerlo suyo por medio de los derechos de su esposa, estalló una breve guerra que terminó con la derrota castellana en la batalla de Aljubarrota. Además, el duque de Lancaster, casado con una hija de Pedro I de Castilla y aliado de Portugal, aprovechó para reclamar el trono de Castilla.

La paz se alcanzó con el matrimonio del heredero castellano, que accedería al trono en 1390 como Enrique III, con Catalina de Lancaster. Y su hijo heredó el trono, aún niño, como Juan II. Además de su madre, ejerció de regente, como se ha visto anteriormente, su tío Fernando de Antequera, hasta que fue nombrado rey de Aragón. Algunos hijos de Fernando de Antequera permanecieron en Castilla y pronto se enfrentaron a su primo, que elevó la figura de Álvaro de Luna, un firme defensor de su reinado al que, por otra parte, acabaría ejecutando en 1453, un año antes de su muerte.

En 1454 fue coronado Enrique IV, hijo de Juan II, que pasó a la historia como El Impotente, quizá porque a pesar de sus dos matrimonios, con Blanca de Aragón y con Juana de Portugal, no tuvo descendencia. O sí. El caso es que su segunda esposa tuvo una hija, Juana, pero no eran pocos los que atribuían la paternidad al favorito del rey, Beltrán de la Cueva, por lo que la llamaron Juana la Beltraneja. Eso influyó en su decisión de firmar en 1468 el pacto de los Toros de Guisando, por el que nombraba heredera a su hermana Isabel.

Isabel la Católica retratada por su contemporáneo Juan
de Flandes.

Enrique tuvo que hacer frente durante su reinado
a la oposición de un nutrido grupo de nobles, que pretendían coronar a su único hermano varón, Alfonso, que

murió a causa de la peste en 1468. La boda, sin su previo consentimiento, de su hermana Isabel con Fernando, heredero de la Corona de Aragón, lo impulsó en 1470 a devolver la sucesión a Juana la Beltraneja. A pesar de que en 1471 el papa concedió a Isabel y a Fernando una bula que legitimaba su casamiento, Enrique murió tres años más tarde con la sucesión abierta.

Isabel se hizo coronar reina de Castilla, pero no pudo evitar que estallara una guerra de sucesión.

PORTUGAL, POTENCIA MARÍTIMA

La conquista del Algarve procuró a los portugueses una posición estratégica importante para emprender la aventura atlántica. Castilla, primero inmersa en luchas internas por el trono y después más preocupada por llegar a Gibraltar y dominar el paso del Estrecho, no pudo evitar la llegada de sus vecinos al sudoeste peninsular e incluso la conquista de Ceuta, que asimismo otorgó a los lusos un importante enclave en la puerta de entrada del Mediterráneo. Se lanzó entonces la Corona castellana en una avanzadilla exterior que anticipaba casi un siglo su salida al océano, al dominio de las islas Canarias, que se convertirían en un nuevo motivo de disputa con Portugal.

La fuerza y el interés de los mercaderes es el auténtico estímulo de la expansión portuguesa. Con Castilla como enemigo, cualquier alianza era buena para hacer negocio a sus espaldas. Era el modo de reivindicar su capacidad de independencia de un vecino que lo separaba del continente y que había intentado invadirlo en 1385 en la batalla de Aljubarrota. Juan I contra Juan I, venció el portugués, logró mantener su independencia, pero no fue hasta 1411 que se firmó la paz.

Ilustración de un libro que representa la derrota española
ante los portugueses en la batalla de Aljubarrota.

La conquista de las islas Canarias se alargó casi
dos siglos, primero por iniciativa privada y finalmente
con la implicación de la Corona castellana, que logró
vencer la fuerte resistencia de los indígenas de las tres
últimas islas, Gran Canaria (1483), La Palma (1493) y
Tenerife (1496), con apoyo de capital privado. El archipiélago, ambicionado como base para futuras expediciones en el Atlántico, fue anexionado como un territorio más de la Corona, y no como una colonia.

El monopolio de facto que Portugal había establecido en el comercio marítimo en el Atlántico vio el
comienzo de su fin cuando los Reyes Católicos recla-
maron su parte del pastel en 1475. El Tratado de
Alcaçovas-Toledo fue el primer acuerdo entre ambos
reinos, y reconocía el dominio portugués sobre las islas
atlánticas y África, mientras a Castilla y Aragón les
dejaba el Mediterráneo, la zona africana fronteriza con
su territorio y las Canarias. Pero un acuerdo tácito entre
los Reyes Católicos (el Mediterráneo para Aragón, el
Atlántico para Castilla) burlaba ese tratado.

EL REDUCTO MUSULMÁN DE GRANADA

El dominio musulmán en la Península sufría sus últimos estertores a finales del siglo XV. Poco después de ser proclamado rey en 1482, Boabdil cayó prisionero

Así representó a Boabdil abandonando Granada el francés
Alfred Dehodencq en 1869.

de los Reyes Católicos y logró la libertad a cambio de su vasallaje. La guerra civil que vivía el reino nazarí no hacía sino debilitarlo cada vez más, y una tras otras fueron cayendo Ronda (1485), Loja (1486), Málaga (1487), Baza, Almería y Guadix (1489). Finalmente, el 2 de enero de 1492 Boabdil abandonaba, derrotado, Granada. Sus súbditos pudieron permanecer allí hasta que una nueva decisión, nueve años más tarde, los obligó a convertirse al catolicismo o abandonar la Península, como había ocurrido antes con los judíos. El fin de la conquista de Granada abrió el camino a Cristóbal Colón para su primera incursión en el Atlántico.

3

El misterioso origen
de Cristóbal Colón

Resulta inevitable, cuando se trata sobre una figura de
la talla de Cristóbal Colón, buscar sus orígenes, conocer su pasado y recuperar el rastro que la historia haya
podido ir borrando. Desgraciadamente para aquellos
perfeccionistas, amantes de las simetrías y del orden de
las cosas, cuando hablamos del nacimiento del protagonista del viaje más importante de todos los tiempos
hasta que el hombre pisó la luna, casi quinientos años
después, no podemos más que hacer una apuesta fuerte por una fecha y un lugar, aun así sólo aproximados.

EL RASTRO DE UNA BIOGRAFÍA SESGADA

La importancia de Colón ha sido suficiente a lo largo
de los siglos para que historiadores, investigadores y
eruditos, pero también otros sujetos interesados en
reinventar la verdad en su beneficio, hayan estudiado

sus orígenes para intentar dilucidar tan básicos datos. Resulta llamativo que una mayoría de ellos culpe a Hernando, el segundo hijo de Colón y autor de la primera biografía oficial sobre el personaje, de haber enturbiado los orígenes familiares borrando todo posible rastro.

Hay que reconocer, sin embargo, que la obra de Hernando Colón, aunque plagada de inexactitudes que adornan la vida y los orígenes de su padre, es auténtica y una imprescindible referencia para conocer a Cristóbal Colón. Hernando no llegó a ver publicada su *Historia del almirante*. De hecho, esta no vio la luz hasta treinta y dos años después de su muerte, en 1571. La falta de esta obra, que tantas dudas habría disipado, permitió que proliferaran las biografías apócrifas. Incluso su tardía publicación alimentó las dudas sobre su autenticidad y hubo que esperar a que se imprimiera la *Historia de las Indias*, de fray Bartolomé de las Casas.

Del hijo ilegítimo tomamos como buena la descripción que hizo de Cristóbal Colón en su tercer capítulo, por ser la única que tenemos de primera mano, pues de los retratos que han pasado a la posteridad no está demostrado que se hicieran con el descubridor como modelo, sino, más bien, a través de descripciones como esta. No debemos olvidar, al leerla, la profunda admiración que Hernando sentía por su padre:

> Fue el Almirante hombre de bien formada y más que mediana estatura; la cara larga, las mejillas un poco altas; sin declinar a gordo o macilento; la nariz aguileña, los ojos garzos; la color blanca, de rojo encendido; en su mocedad tuvo el cabello rubio, pero de treinta años ya le tenía blanco. En el comer y beber y en el adorno de su persona era muy modesto y continente; afable en la conversación con los extraños, y con los de casa muy agradable, con modesta y suave gravedad. Fue tan

observante de las cosas de la religión, que en los ayunos y en rezar el Oficio divino pudiera ser tenido por profeso en religión; tan enemigo de juramentos y blasfemias, que yo juro que jamás le vi echar otro juramento que «por san Fernando», y cuando se hallaba más irritado con alguno era su reprehensión decirle: «do vos a Dios, ¿por qué hiciste esto o dijiste aquello?»; si alguna vez tenía que escribir, no probaba la pluma sin escribir estas palabras: «Jesús cum María, sit nobis in via»; y con tan buena letra que sólo con aquello podía ganarse el pan.

Los diferentes retratos que se han hecho de Cristóbal Colón están basados en descripciones escritas, pero muestran rasgos comunes que lo hacen reconocible.

En la descripción de su padre, Hernando Colón hablaba de «cara larga, mejillas un poco altas, nariz aguileña, ojos garzos y cabello rubio, que ya a los treinta años se había vuelto blanco».

Con estos datos y otros, como el que hablaba de su modestia, reflejada en sus ropas, se tuvieron que conformar los numerosos retratistas de Cristóbal Colón, ya que ninguno de ellos fue contemporáneo del navegante.

El dominico De las Casas tuvo acceso a la obra de Hernando Colón y, sin poner en duda su autenticidad, la utilizó como base documental e incluso copió literalmente algunos pasajes. Fray Bartolomé había empezado a escribir su libro en la isla La Española aproximadamente en 1527, pero no le prestó demasiada atención hasta veinte años después, y fue entre 1550 y 1563 cuando escribió el grueso de su relato. No obstante, el celoso fraile depositó el manuscrito en el Colegio de San Gregorio de Valladolid y dio instrucciones precisas de que no se publicara hasta al menos cuarenta años después de su muerte, plazo que finalmente se alargó hasta los trescientos años. Precisamente, la Real Academia de la Historia imprimió su obra para probar la validez del libro del hijo ilegítimo de Cristóbal Colón y cerrar una polémica que duraba ya casi cuatro siglos.

No obstante, la polémica no se ha cerrado hasta hoy y aún sigue habiendo quienes ponen en duda los orígenes del almirante. En cuanto a la autoría de Hernando Colón, otro hecho parece apoyarla, y es que su relación del cuarto viaje a las Indias, en el que acompañó a su padre, indica detalles precisos que no habría sabido incorporar quien no hubiera formado parte de aquella expedición.

GÉNOVA SÍ, PERO NO

Pocos argumentos quedan ya a quienes niegan que Cristóbal Colón nació en la ciudad de Génova. Según la línea marcada por la teoría genovista oficial, que ha sobrevivido a los siglos a pesar de sus numerosas imperfecciones, nuestro personaje llegó al mundo con el nombre de Cristoforo Colombo. La datación más aceptada asegura que vino al mundo en 1446, aunque no son pocos los historiadores que prefieren hablar de 1451, especialmente los más acérrimos defensores de esa teoría genovista. El propio Colón dio escasísimas referencias a lo largo de su vida acerca de sus orígenes, pero basta leer el mayorazgo de 1498 para confirmar su lugar de nacimiento. «Siendo yo nacido en Génova, les vine a servir aquí en Castilla», dice dirigiéndose a los reyes Isabel y Fernando. Y más adelante añade una voluntad hacia los futuros herederos del mayorazgo: «[...] que tenga e sostenga siempre en la Ciudad de Génova una persona de nuestro linaje que tenga allí casa e mujer [...], pues de ella salí y en ella nací».

Según la teoría genovista, Domenico Colombo y Susanna Fontanarossa tuvieron cuatro hijos y una hija. Su humilde empleo de tejedores puede estar entre las razones del almirante para ocultar su pasado, aunque económicamente el negocio resultaba rentable y la familia, sin ser rica, no pasó ningún tipo de apuros. Si bien su hermana y uno de sus hermanos eran mayores que él, pronto fallecieron y Cristoforo ejerció de primogénito; tras él estaban Bartolomé y Diego.

Enfrentados a un destino que los había elegido para continuar con el negocio familiar, según esta misma tesis, Cristóbal y Bartolomé mostraron desde muy jóvenes una marcada vocación hacia la vida en el mar, y sólo Diego mantuvo el oficio de tejedor, para años más tarde decantarse por su vocación religiosa y hacerse clérigo, aunque no ordenado.

Parece ser que entre los catorce y los quince años el joven Cristóbal ya estaba embarcado como grumete. Su precocidad podría hacer suponer un escaso apego a los estudios, pero el gusto por materias como la geografía, la cartografía y las matemáticas, que estudió con fruición, añadieron a su formación marítima unos conocimientos esenciales y un gran interés por los viajes y por las teorías que ya empezaban a circular sobre la esfericidad de la tierra. Sus estudios, sin duda, contribuyeron a hacer de él un marino reconocido.

El emplazamiento marítimo hacía de la ciudad Estado de Génova un importante puerto comercial en el Mediterráneo, y sin duda esta afición del joven Cristóbal era muy común entre aquellos que querían labrarse un futuro prometedor. Muchos años después, en 1501, escribiría: «De muy pequeña edad entré en la mar navegando, e lo he continuado fasta hoy... Ya pasan de cuarenta años que yo voy en este uso. Todo lo que fasta hoy se navega, todo lo he andado».

¿Padre tejedor o mercader?

En contra de esta teoría genovista, hay que decir que las más modernas investigaciones hablan de una confusión de documentos, atribuidos todos a la familia del tejedor Domenico Colombo, cuando en realidad había dos familias homónimas con un padre de nombre Domenico. En este caso, Cristóbal Colón sería en realidad hijo de un mercader, lo que ciertamente explicaría mejor su vocación marinera, como la de su hermano Bartolomé. En cuanto a Diego, la teoría genovista traduce su nombre de Giacomo, que generalmente pasa al castellano como Santiago, Jaime o incluso Jacobo, antes que como Diego. Este personaje tampoco encaja en la teoría genovista, pues una diferencia de edad de hasta quince años complica la identificación del joven tejedor con el futuro clérigo.

El investigador y genealogista Alfonso Enseñat de Villalonga habla del origen escocés de la familia, una de cuyas ramas acabó estableciéndose en Génova. Colonne de origen, las costumbres de los mercaderes, banqueros y navegantes de la época hacían que muchos de ellos renunciaran a su apellido para tomar el del albergo al que estaban afiliados, que por su parte tenía el nombre de la familia más destacada. El albergo era una suerte de organización empresarial unida por lazos familiares y económicos. Sería así como que la familia Colonne habría pasado a ser Salvago. Y como un joven Pietro Salvago, recuperando la anterior denominación, habría llegado a llamarse Cristóbal Colón.

Debemos tener en cuenta que una de las escasísimas menciones que Colón hizo en vida acerca de sus orígenes la dejó escrita en la institución secreta del Mayorazgo de 1498, cuando dijo que era genovés. Es perfectamente creíble que, fiel a un espíritu comerciante heredado de varias generaciones, prefiriera sentirse ciudadano de ningún lugar. Se trata de un personaje aventurero y tenaz, que se puso al frente de un proyecto ambicioso en busca de patronazgo, de un monarca que abanderara su misión y le otorgara unos beneficios que él mismo no podría arrogarse.

También es importante considerar que, aunque genovés de nacimiento, el tiempo que Colón pasó en aquella tierra fue tan corto, que ni tan siquiera hablaba con soltura el dialecto de Génova, diferenciado del italiano del resto de la península y que, a decir verdad, ni siquiera tenía una forma escrita. Las lenguas que siempre dominó fueron el portugués y el castellano, aunque, como hombre de mar, se defendía más o menos en muchas otras. Es curioso que, a pesar de su tardía llegada a Castilla, ya con cerca de cuarenta años, el castellano fuera el idioma que mejor dominaba y el que utilizaba para sus escritos, no así el portugués, aunque escribía muchos portuguesismos.

PECADOS DE JUVENTUD

La teoría de Alfonso Enseñat, muy bien construida después de muchos años de investigaciones, viene a poner nombre a lo que numerosos historiadores no han osado

61

Su pasado pirata podría explicar los cambios de nombre
que añaden misterio a la vida de Colón.

describir como más que un «oscuro pasado». Enseñat arremete contra muchos investigadores, empezando por el estadounidense Henry Harrise, a los que acusa de distorsionar la biografía de Colón despreciando los escritos de su hijo natural.

Y es que los estudios de Enseñat lo han llevado a dar por ciertas muchas de las aseveraciones que Hernando hace en su *Historia del almirante,* hasta llegar a la conclusión de que Cristóbal Colón tuvo un pasado de pirata y corsario, en ocasiones contra la Corona de Aragón, que le habrían deparado un recibimiento muy diferente al que le dieron los Reyes Católicos a su llegada a Castilla.

Contaba Hernando que su padre navegó muchos años con un corsario de su mismo nombre y familia, un corsario que podría ser Cristoforo Salvago, capitán de la nave corsaria *Pasquerius,* con la que Colón naufragó en 1476 frente al cabo de San Vicente, en Portugal. Cuando hablamos de corsario, no nos estamos refiriendo a ninguna forma de pirateo, sino, en este caso, a una suerte de escolta marítima que acompañaba a expediciones que surcaban mares complicados, más por la presencia de fuerzas enemigas que por la dificultad de las aguas.

Este hecho vendría a corroborar la tesis de Enseñat, que defiende que Cristóbal Colón había tomado su apellido, Colonne, el anterior de su familia, cuando esta utilizaba ya, al nacer él, el apellido Salvago. El albergo Colonne se formó en 1403, y entre las familias que a él se asociaron estaban los Scotto. Procedentes de Escocia, a este linaje pertenecería nuestro personaje. Originalmente Douglas, llegaron a Lombardía y, por su procedencia, fueron conocidos como los Scotto hasta que en 1429 se unieron a los Colonne. Cuando en 1453 empezó a desaparecer este albergo, se unieron a los Salvago.

Como apoyo a esta tesis podemos ver cómo a lo largo de su vida Colón se relacionó constantemente con los Salvago. En 1461, con catorce años, en su primer embarque Cristóbal viajó en la nave mandada por el que, según esta teoría, sería su tío Imperiale Doria. En 1476 también viajó con el capitán Cristoforo Salvago, quien le mostró la ruta de Flandes y lo adiestró en la navegación por el Atlántico. Al mismo Cristoforo iría a visitarlo a Sevilla en 1484, a su llegada a Castilla. También el banquero Baliano Salvago entabló relación con Colón en Sevilla entre 1486 y 1492, y su socio, Francesco Sopranis de Riberol, se convertiría después en su banquero y procurador.

El padre de Cristóbal Colón sería de este modo Domenico Scotto, que en 1429, a los quince años, pasó a llamarse Domenico Colonne, y en 1445 se casó con Mariola Salvago, la que sería más tarde la madre del descubridor, y adoptó su apellido. Pero una vez desentrañado el misterio, nos topamos con otro imprevisto. Al estudiar el árbol genealógico, descubrimos que ninguno de los hijos del matrimonio se llamaba Cristoforo, y que el primogénito, virtud que se le supone a nuestro personaje, fue bautizado Pietro.

Gracias a los estudios de Enseñat, podemos decir hoy que el Cristóbal Colón del que hablamos nació con el nombre de Pietro Salvago, y que con el tiempo y debido a una serie de vicisitudes acabó adoptando el nombre con el que pasó a la historia. Y lo demuestra con escritos que en algún momento a lo largo de los siglos se han interpretado como erróneos, como el de Lucio Marineo Siculo, cronista del emperador Carlos V, que en 1530, en *De las cosas memorables de España,* aseguró que los Reyes Católicos, «después de conquistar Canaria, enviaron a Pedro Colón a descubrir otras islas mucho mayores». El humanista portugués y sacerdote Gaspar Frutuoso, en *Saudades da Terra,* también en el siglo XVI, a través de sus investigaciones en los archivos de la isla La Graciosa en el archipiélago de las Azores, relató su descubrimiento de que «Hiscóa Perestrello, esposa del capitán de la isla de La Graciosa, era cuñada del Pedro Colombo que descubrió el Nuevo Mundo, pues estaba casado con Filipa Moniz Perestrello, hermana de aquella».

PORTUGUÉS DE ADOPCIÓN

A partir de la tesis que estamos analizando, la llegada de Colón a Portugal no ocurrió a raíz del naufragio de 1476 frente a sus costas. Según Enseñat, su padre, Domenico, fue despojado de sus posesiones en Parma y en 1451 acudió a Lisboa para relevar a su familiar Bartolomeo Marabotto en sus negocios. Tenía entonces el joven Pietro cinco años, y se criaría en un ambiente de importantes relaciones sociales que le permitirían, con los años, tener acceso al mismísimo rey de Portugal. Algunas etapas de su aprendizaje trascurrieron en su tierra natal, pues su padre lo envió allí a estudiar. De este modo, aprendió a leer en el convento de los padres dominicos de Santa Maria di Castello en 1453 y 1454, y ante sus buenas dotes, a propuesta de los frailes, terminó sus estudios primarios en otro convento de la misma orden en Pavía, San Giovanni in Canale, con mejores medios. Allí aprendió aritmética, geometría, geografía, astronomía y, según los escritos de su hijo, «estudió lo bastante para entender a los cosmógrafos, a cuya lección fue muy aficionado, por lo cual se dedicó también a la astrología y la geometría». Otra afición que comenzó entonces fue la lectura, que, además de la Biblia, que leyó con fruición a lo largo de sus días, le llevó a atesorar una cantidad de libros tal, que su hijo Hernando, que continuó este gusto por los libros, llegó a reunir la mayor biblioteca privada de su tiempo. No en vano, Hernando dejó en herencia a la catedral de Sevilla, después de que su sobrino Luis renunciara a ella, un total de 15.370 volúmenes con la indicación de «que vuestra señoría dé cada año cien mil maravedíes para reparo de ellos y de una persona que tenga cargo de ellos y de limpiallos».

Continuando en este relato de su juventud, el joven Pietro, ya con trece años, regresó al convento genovés de Santa Maria di Castello después de un año en el que perdió a su madre y vio a su padre casarse de nuevo. Su madrastra sería Bianchetta Spinola de Luccoli. El hermetismo que acompañó toda su vida a Cristóbal Colón nos impide conocer cómo pasó esa época, sin duda muy dura para un niño que apenas había vivido sus primeros años junto a su familia. En 1461, después de completar sus estudios, se enroló por primera vez, y lo hizo en el barco comandado por su tío Imperiale Doria, con el que viajó a la isla de Chipre.

Su interés por el mar lo llevaría a completar sus estudios de geografía y cosmografía, que lo ayudarían a ser un gran navegante. Mientras, en 1466, expiró la concesión comercial que mantenía a Domenico Salvago en Lisboa y este regresó a Génova, donde fallecería en 1485.

No ocultó Colón a los Reyes Católicos su pasado de corsario –aunque sí algunas de sus misiones–, ocupación en la que tanto su hijo Hernando como Bartolomé de las Casas lo calificaron de célebre. Según la obra de Hernando, su padre fue corsario al servicio de René d'Anjou, conde de Provenza, entre 1467 y 1470. También en 1476, cuando su barco naufragó frente a las costas de Portugal, navegaba Colón prestando «conserva» a un convoy que fue hundido por una escuadra francesa.

¿CORSARIO O PIRATA?

Si Colón no ocultaba su pasado de corsario, ¿qué era lo que tan celosamente callaba? Las confusiones de los historiadores acerca de las primeras etapas en el mar de Colón vienen de las referencias a otros navegantes de diferente ralea, desde el Cristoforo Salvago al que ya hemos visto hasta el pirata Vincenzo Colombo, con el que algunos han intentado relacionarlo para desespero de los que querían encontrar un limpio historial en la carrera del gran descubridor. Enseñat da credibilidad a este capítulo, que enmarca en los primeros años de vida marítima de Colón, entre 1461 y 1469. Asegura el investigador que Colón, enrolado junto al sanguinario pirata, usaba ya el apellido Colonne para no manchar el de su prestigiosa familia, y, más tarde, asimilando las reglas de los albergos genoveses, terminó transmutándolo para convertirlo en Colombo, igual que el del hombre a cuyo mando navegaba y con el que se curtió en las artes de la mar. En esos años conoció al detalle el pilotaje en el Mediterráneo y aprendió a leer y a confeccionar las cartas de navegación.

Cuando el aún joven Cristóbal abandonó la piratería, mantuvo el apellido de su etapa anterior, que le daba prestigio como experimentado navegante, y comenzó a prestar servicio de corsario para diversos personajes, algunos de ellos enemigos de la Corona de Aragón, otro de los episodios que velaría años más tarde. Entre ellos, su asociación a la Orden de San Juan de Jerusalén y de Rodas y, más tarde, al condestable don Pedro de Portugal.

Queda una duda por resolver, y es por qué también cambió su nombre, de Pietro a Cristóbal. Parece ser que tras su etapa de pirata, una vez que dispuso mantener el apelativo de Colombo, Pietro decidió entonces cambiar su nombre, y en un período de misticismo en

Imagen que representa a Cristóbal Colón tomando
mediciones sobre un globo terráqueo, un posible
anacronismo que se apoya en los avanzados conocimientos
cartográficos que fue adquiriendo el navegante con los años.

que decía «llevar a Cristo», eligió el nombre de Cristóbal, que tiene justamente ese significado. Al casarse en 1479 con Filipa Moniz Perestrello, cumpliendo los cánones de la Iglesia católica, recuperó el nombre con el que fue bautizado, para volver a usar el que le conocemos cuando llegó a Castilla en 1484.

Su habilidad para limpiar su pasado a ojos de los demás le valió para no acabar del mismo modo que su antiguo compañero de fatigas, el pirata Vincenzo Colombo, que fue ahorcado en Génova el mismo año que él llegó por primera vez al continente americano.

En 1474, Colón salió del Mediterráneo y se enfrentó a unas aguas más difíciles, un nuevo reto en su carrera. En sus comienzos en esta nueva aventura se enroló junto a su pariente Cristoforo Salvago, que le mostró la ruta de Flandes y le enseñó a sortear las aguas del Atlántico. El fracaso de su misión de escolta en agosto de 1476 se saldó con el hundimiento de gran parte de la flota, un naufragio del que casi milagrosamente Colón salvó la vida agarrado a un remo con el que llegó a tierra. Después de los meses que precisó para recuperarse, completó de nuevo la ruta de Flandes y posteriormente enfrentó un nuevo viaje que le marcaría, y que curiosamente estuvo a punto de llevarle hasta Groenlandia. Se trata de una expedición a Islandia, desde donde hizo un viaje hacia occidente en busca de bancos de bacalao.

Sobre ese viaje a Islandia recogió Hernando Colón en su *Historia del almirante* un escrito que atribuyó a su padre:

> Yo navegué el año de cuatrocientos y setenta y siete, en el mes de Hebrero, ultra Tile, isla, cien leguas, cuya parte austral dista del equinoccial setenta y tres grados, y no sesenta y tres, como algunos dicen, y no está dentro de la línea que incluye el occidente, como dice Ptolomeo, sino mucho más occidental, y a esta isla, que es tan grande

como Inglaterra, van los ingleses con mercadería,
especialmente los de Bristol, y al tiempo que yo a
ella fui, no estaba congelado el mar, aunque había
grandísimas mareas, tanto que en algunas partes
dos veces al día subía veinte y cinco brazas, y des-
cendía otras tantas en altura.

Un matrimonio ventajoso

Después de este viaje inusual, Colón siguió haciendo la
ruta de Londres y Flandes y luego fue contratado para
transportar azúcar de Madeira a Génova, vía Lisboa y
Cádiz. En sus estancias en Madeira conoció a Bartolomé Perestrello, capitán donatario de la isla de Porto
Santo, que le acompañó en un viaje a Lisboa y le dio a
conocer a su hermana Filipa, con la que se casaría en
1479. Vivía la joven en el Monasterio de Todos los San-
tos, perteneciente a las monjas de la Orden Militar de
Santiago. En él solían internarse las esposas e hijas de los

La casa donde vivió Colón en Porto Santo, y en la que
nació su hijo Diego, aún se mantiene en pie.

caballeros de Santiago cuando estos emprendían la guerra contra los musulmanes.

Resulta muy complicado pensar, por cierto, que el hijo de un tejedor contrajera matrimonio con una noble, en una época en que este tipo de uniones no se daban. Filipa procedía, por parte de su madre, de la poderosa familia Moniz, fundada por Egas Moniz, que fue gobernador de Portugal en el siglo XII junto a su primer rey, Alfonso Enríquez. Por la rama paterna, el origen, italiano, también era noble, y su padre había obtenido la capitanía hereditaria de la isla de Porto Santo, junto a la de Madeira, que el año que Colón la conoció había pasado a Bartolomé, quien los reunió por vez primera. La isla había sido descubierta por João Gonçalves Zarco y Bartolomé Perestrello, quien había sido su primer capitán donatario. Este adoptó el apellido de su tercera mujer, Isabel Moniz, la cual vendió los derechos de su marido sobre Porto Santo tras heredarlos cuando este falleció. Sin embargo, su hijo logró recuperarlos en 1473. La familia estaba emparentada también con el arzobispo de Lisboa.

El matrimonio fue corto y casi no pasaron tiempo juntos, pero sirvió a Colón para obtener la nacionalidad portuguesa y comenzar a mandar naves con la bandera de este país, con las que viajaría a África. Primero se establecieron en Porto Santo y más tarde en Funchal. Explica fray Bartolomé de las Casas que eligieron residir en Porto Santo «por ventura por sola esta causa de querer navegar, dejar allí su mujer, y porque allí en aquella isla y en la de Madera, que está junta, y que también se había descubierto entonces, comenzaba a haber gran concurso de navíos sobre su población y vecindad, y frecuentes nuevas se tenían cada día de los descubrimientos que de nuevo se habían».

En 1482 el navegante se unió, con su hermano Bartolomé, a la expedición encomendada por Juan II de Portugal a Diego Cao para descubrir nuevas tierras en el golfo de Guinea y abrir la ruta hacia India. De paso por Madeira, tocando a su final 1483, Cristóbal vio a su hijo Diego, de apenas tres años de vida, y dejó de nuevo encinta a su mujer. Sería su último encuentro, pues nueve meses después madre e hijo fallecieron en el parto. Diego quedó al cuidado de otros familiares hasta que su padre lo recogió poco después.

Durante la ausencia de Colón sucedió otro episodio oscuro que precipitaría su salida de Portugal. Parece ser que se vio envuelto por sus lazos familiares, aunque él no habría tomado partido en ningún momento, ni tan siquiera habría tenido conocimiento sobre el asunto. Ocurrió que la familia de su ya difunta mujer se vio involucrada en la conjura urdida por el tercer duque de Braganza y el duque de Viseu, cuñado del rey Juan II, para derrocar a este. Avisado a tiempo de que podría verse implicado, en 1484 Colón huyó a Castilla.

EL SUEÑO DE UNA NUEVA RUTA

El proyecto colombino de navegación hacia el poniente comenzó a tomar forma entre finales de los años setenta y los primeros ochenta del siglo XV, movido, a decir de su hijo Hernando, por tres causas: «Fundamentos naturales, la autoridad de los escritores y los indicios de los navegantes». A lo largo de los siglos, los intelectuales, desde los hombres de ciencia a los filósofos y los teólogos, se habían empeñado en asegurar que la tierra era plana y limitada por un mar innavegable que se tragaba a todo aquel que osaba aventurarse entre sus terribles abismos y unos supuestos monstruos voraces.

La afición del marino a la lectura influyó en la formación de su plan de navegar hacia occidente. Los griegos, en el siglo IV antes de Cristo, ya habían formulado una teoría sobre la esfericidad de la tierra, y el primero que calculó la longitud de la circunferencia terrestre fue Eratóstenes, que la estimó en cuarenta mil kilómetros, ciertamente una cifra más aproximada que las que se barajaban en tiempos de Colón. En 1175, con la traducción del árabe al latín del *Almagesto* de Ptolomeo, se comenzó a recuperar la idea de la esfericidad de la tierra. El oscurantismo de la Edad Media, con la influencia de la Iglesia, había hecho retroceder los conocimientos de geografía y, de hecho, se había vuelto a utilizar la teoría de que la tierra era un disco plano. La obra de Ptolomeo, un compendio del saber griego sobre el universo, contribuyó decisivamente a que el mundo saliera de su error.

No sólo esta obra fue referencia para Colón: también se alimentó de la otra gran obra de Ptolomeo, *La geografía,* así como del *Opus Majus* de Roger Bacon (1269), del *Imago Mundi* de Pierre d'Ailly (1410), de la *Historia rerum ubique gestarum* del papa Pío II, que habla de la navegación rodeando África, y del *Libro de las maravillas* de Marco Polo.

Entrado el siglo XV, ya eran pues muchas las voces eruditas que habían defendido la esfericidad de la tierra, pero sólo nuestro Colón se atrevió a llegar tan lejos. Lo que realmente se discutía por entonces, más allá de si la tierra era plana o esférica, eran las distancias, el tamaño real de nuestro planeta. De hecho, esta parece ser la razón principal por la que el rey luso rechazó, sin dudarlo, patrocinar la expedición, además de las ambiciosas pretensiones políticas y económicas de Colón. Sus expertos aseguraban que la distancia para llegar a las hipotéticas tierras del lejano occidente o, como las denominaban ya entonces, de oriente, era de al menos el doble de lo que resultó ser finalmente. No falta otra teoría sobre el rechazo portugués, basada en que Colón quería atravesar el océano desde las islas Canarias, pues conocía ya los vientos alisios que de allí partían y le ayudarían en su navegación; no obstante, el monarca luso, celoso de que la letra del Tratado de Alcaçovas, que repartía el Atlántico entre Castilla y su país, le perjudicara, pretendía que saliera de Madeira, a lo que Colón se negó en redondo.

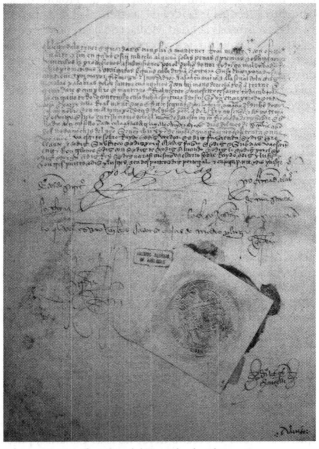

Ratificación del Tratado de Alcaçovas.

EL MISTERIOSO RECHAZO DE PORTUGAL

Juan II no comenzó su reinado hasta 1481, si bien su padre, Alfonso V, ya lo había nombrado en 1470 jefe de los servicios de las expediciones y los descubrimientos, una suerte de ministerio en el que trataría de seguir los pasos de su antecesor Enrique el Navegante. En ese puesto, ya en 1474 había conocido las teorías del matemático, físico y humanista florentino Paolo del Pozzo Toscanelli, que aseguraba que llegar a las Indias por occidente era más sencillo y rápido que por oriente. Tanto se interesó el futuro rey, que hizo al canónigo Fernao Martins, el que se lo había hecho conocer, escribirle para obtener informes detallados.

El propio Toscanelli relató lo acaecido:

> [...] un mapa hecho por mis propias manos, en el que están dibujados vuestros litorales e islas desde las cuales podréis empezar vuestro viaje hacia el oeste y los lugares a los que debéis llegar y la distancia al Polo y la línea Equinoccial a que debéis ateneros y cuántas leguas habréis de cruzar para llegar a aquellas regiones fertilísimas en toda suerte de aromatas y de gemas; y no os extrañe que llame Oeste a la tierra de las especies, siendo así que es usual decir que las especies vienen de Oriente, porque el que navegue a Poniente por el hemisferio inferior hallará siempre aquellas partes al Oeste, y el que viaje por tierra en el hemisferio superior las encontrará al Oriente.

Pese al interés de Juan II, no quiso comprometerse precipitadamente y nombró una comisión de expertos para estudiar la cuestión. Esta comisión determinó la inviabilidad científica del plan de Toscanelli, mientras que la inviabilidad económica terminó de convencer al príncipe de que la mejor opción era seguir explorando una vía marítima por el perfil del continente africano, donde ya habían invertido ingentes recursos.

La seguridad que Colón demostró siempre en sus aseveraciones tenía una posible razón en su amor por el mar. Durante sus largos años embarcado, el futuro descubridor nunca dejó de mirar las estrellas, comprobar la posición de los astros desde los diferentes puntos por los que pasaba y hacer cálculos de un modo incansable para determinar un modo de medir las distancias y calcular el grado de curvatura de la tierra. Es posible que el marino hubiera tenido acceso, de un modo fraudulento, a la carta de Toscanelli, aunque sus mediciones eran diferentes de las de aquel y no menos erróneas.

Cuando Colón acudió en 1483 ante Juan II, ya rey, para proponerle un proyecto similar al de Toscanelli, el rey lo atendió interesado y, al igual que había hecho con el anterior, sometió la idea a una junta de expertos, que igualmente lo desestimó. Los portugueses, como hemos visto, ya habían optado por una ruta segura, rodeando el continente africano, que dominaban a la perfección. Y las exigencias de Colón, que pretendía obtener un gran beneficio de su expedición, les parecieron asimismo demasiado ambiciosas, sin caer en la cuenta de que –otra gran duda que nos ha dejado nuestro personaje– tal seguridad en sus posiciones podía deberse a que no hablaba de hipótesis, sino que sabía perfectamente que al otro lado del océano había una tierra por conquistar, como si él mismo ya hubiera estado allí. Claro que quizá no contó al rey portugués todo lo que sabía, y se limitó a ofrecer unos datos que a sus expertos les parecieron fáciles de rebatir.

Por otro lado, Colón no pudo ser tan paciente y persuasivo con el rey portugués como lo sería más tarde en Castilla, porque tras su fallido intento en 1483 tuvo que salir precipitadamente de su país adoptivo por la persecución que sufrió su familia tras la conjura destapada contra Juan II.

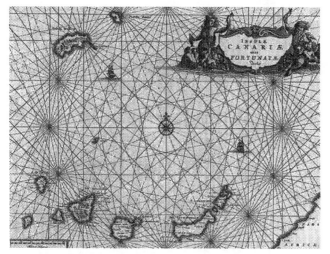

Antiguo mapa de las islas Canarias en el que se aprecian,
al norte, las islas de Madeira y Porto Santo, de donde el
monarca portugués quería que partiera Colón.

4

Larga espera en Castilla

UN PROYECTO PARA EL MEJOR POSTOR

El Monasterio de la Rábida, de la Orden Franciscana, fue levantado a comienzos del siglo XV sobre un cerro rojizo desde el que se ven los ríos Tinto y Odiel. La sobriedad imprimida al edificio como reflejo de la sencillez franciscana no le resta una belleza especial, a la que contribuye, sin duda, su privilegiada ubicación. Las primeras referencias aparecen en una bula de 1412 del papa Benedicto XIII, en la que concedía una iglesia y una casa a fray Juan Rodríguez para que allí viviera con otros doce frailes. Diez años más tarde, por designio del papa Martín V, se amplió la licencia a otros doce frailes más. Las bulas papales son la principal fuente para tener conocimiento de aquellos primeros tiempos, y en otra de ellas, Sixto IV, en 1437, concedía indulgencias a los que colaboraran en las obras del monasterio, «que sirve para refugio de navegantes contra los moros y que a él acuden grandes masas de gente».

Colón fue otro de los visitantes que acudió al convento en busca de ayuda. Discuten algunos autores sobre la certeza de su visita en el año 1485, poco después de salir de Portugal, y mientras unos señalan el monasterio como destino del navegante, otros niegan que acudiera allí en aquella ocasión. Lo que sí queda fuera de toda duda es que Colón llegó a Castilla por mar, en mayo de 1485, al puerto de Cádiz o quizás al de Sevilla, y desde allí acudió a Huelva para ver a su cuñada, Violante Moniz de Perestrello, hermana de la difunta Filipa, y dejar a su hijo Diego a su cuidado. Al poco tuvo que acudir a Génova, enterado del mal estado de salud de su padre, y llegó a su lecho de muerte en el mes de agosto. No dudó Colón en aprovechar su viaje para exponer su proyecto de navegación hacia occidente al Ufficio di San Giorgio, una vez más sin el resultado esperado.

Dejó escrito Hernando Colón en su *Historia del almirante* que, al tiempo que se disponía a ofrecer a los Reyes Católicos su proyecto de navegación a las Indias por Occidente, envió a Inglaterra a su hermano Bartolomé, «el cual, aunque no tenía letras latinas, era hombre práctico y entendido en las cosas del mar, y sabía muy bien hacer cartas de navegación, esferas y otros instrumentos de aquella profesión, en lo que había sido instruido por el Almirante, su hermano». Y aunque la idea terminó gustando a Enrique VII, el tiempo jugó en su contra por los problemas que Bartolomé encontró en su camino: «Quiso su suerte que cayese en manos de corsarios, los cuales le despojaron, como también a otros de su nave. Por cuyo motivo y por la pobreza y enfermedad que en tan diversas tierras le asaltaron cruelmente, prolongó por mucho tiempo su embajada hasta que, adquirida un poco de autoridad con los mapas que hacía, comenzó a tener pláticas con el rey Enrique VII, padre de Enrique VIII, que al presente reina, al cual presentó un mapamundi [...]». Y según concluye la narración: «Visto el mapamundi y lo que le ofreció el Almirante, con alegre rostro aceptó su propuesta, y lo mandó llamar. Pero, porque Dios la guardaba para Castilla, ya el Almirante en aquel tiempo había ido y tornado con la victoria de su empresa según se contará más adelante».

PRIMEROS CONTACTOS CON LOS REYES CATÓLICOS

De regreso a Castilla desde Génova, Colón, determinado a proponer su proyecto a los Reyes Católicos, fue en busca de la corte, que en aquellos días, en una época en que la Reconquista estaba tocando a su fin, tenía un carácter itinerante, sin una capitalidad definida, por lo que la conformaba un séquito en constante movimiento. Después de acudir en pos de esta a Córdoba y a Sevilla, consiguió su primera entrevista en Alcalá de Henares, el 20 de enero de 1486, gracias al monje jerónimo fray Hernando de Talavera, quizá por mediación de otro fraile, el franciscano fray Antonio de Marchena. Aquella audiencia produjo diferentes reacciones en los monarcas. Mientras que Fernando se mostró desinteresado, frío y distante, Isabel atendió a su exposición y decidió someter los planes de Colón a una comisión de expertos, del mismo modo que se había hecho previamente en Portugal. También le procuró alojamiento en Salamanca por unos meses, tratando de retenerlo para que el proyecto no cayera en otras manos.

Era fray Antonio de Marchena un religioso muy cercano a los reyes y que desde el primer momento vio con buenos ojos las ideas de Colón, al que defendió cuando los monarcas lo llamaron a Madrid el 24 de febrero de 1486, un mes después de haber conocido a aquel personaje misterioso que venía a proponerles la conquista de nuevas tierras.

Tras unir por su matrimonio las Coronas de Castilla
y Aragón, los Reyes Católicos se lanzaron a la expansión
por el resto de la península ibérica.

Los Reyes Católicos, con su matrimonio, habían
formado una gran potencia que sumaba el reino de Castilla, de Isabel, y el de Aragón, de Fernando. Pero entre
ellos también hubo un reparto equitativo, y así, en cuan-

to a la mar, Aragón se reservó las aguas del Mediterráneo y Castilla, la gran rival de Portugal, asumió la navegación por el Atlántico. Es esta una de las razones por las que el interés de Isabel era mucho mayor que el de Fernando. En el momento de aquella primera entrevista, en 1486, Isabel y Fernando contaban treinta y cinco y treinta y cuatro años, respectivamente; eran algo más jóvenes que Colón, de casi cuarenta años, si aceptamos que nació en 1446.

Aunque el proyecto de Colón tuvo que esperar aún algunos años, la mediación del franciscano fray Antonio de Marchena y la determinación del nauta dieron pie a que Isabel y Fernando lo admitieran en la corte cuando se desplazaron de nuevo, en abril de aquel año, de Alcalá a Córdoba, con paradas en Segovia, Medina, Béjar y Guadalupe. Una vez en la ciudad andaluza, Colón conoció el informe desfavorable de la comisión encargada por los reyes para analizar su proyecto. Pero la negativa real fue acompañada de seis mil maravedíes de ayuda, como agradecimiento al trabajo realizado y, seguramente, con la intención de la reina de mantener cerca a ese personaje al que en ese momento no podía atender, pero cuyo proyecto podía ser muy provechoso.

Seguramente, por tanto, este informe constituía tan sólo una prórroga que se daban unos monarcas empeñados, antes de nada, en expulsar de la Península a los pocos musulmanes que en ella quedaban. Al menos, no fue una negativa rotunda y, de hecho, al poco, Isabel y Fernando llamaron a Colón a Málaga y, con buenas palabras y sin renunciar a su proyecto, le dieron otra ayuda, esta de cuatro mil maravedíes. Marcharon después los reyes a Aragón, ya a mediados de 1487, acompañados de su corte itinerante, y Colón se quedó en Córdoba, donde conoció a la joven huérfana Beatriz Enríquez de Arana, que en agosto de 1488 dio a luz a Hernando Colón, un hijo ilegítimo ya que nunca llegó a casarse con ella, pero que le acompañaría durante la mayor parte de su vida.

ENTRE LA SUPERVIVENCIA Y LA BÚSQUEDA DE APOYOS

Los diez mil maravedíes que le habían dado los reyes no eran suficientes para vivir mucho tiempo, especialmente cuando estaba alejado de la mar, y Colón sobrevivió en Córdoba con lo que mejor sabía hacer, vendiendo cartas de navegación que él mismo elaboraba. El experimentado marino había desarrollado una gran habilidad en la confección de cartas marinas, y durante los años que trató infructuosamente de obtener el favor de los reyes, uno de los medios de subsistencia que encontró fue la venta de estos valiosos instrumentos. Ya entonces, antes de su viaje descubridor, llegó a dibujar mapamundis en los que representaba una tierra esférica.

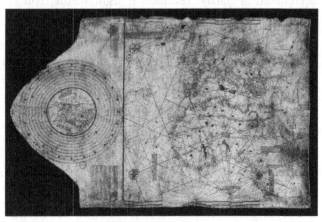

Carta celeste de las nueve esferas que se atribuye a Cristóbal Colón.

Pero el navegante seguía empeñado en hacer realidad su proyecto y no obtenía respuesta en Castilla. Así pues, a comienzos de 1488 escribió a Juan II de Portugal para volver a ofrecérselo, y el monarca luso le respondió con una carta, el 20 de marzo, en la que lo invitó a visitarle. Con la aprobación de los Reyes Católicos, Colón acudió en junio a Lisboa y en octubre regresó a Sevilla sin haber logrado una respuesta positiva, empeñado como estaba Juan II en eliminar las islas Canarias de la ruta colombina y reemplazarlas por algunas de las portuguesas que había en ese océano. Pretendía así el rey que si alcanzaba tierra al otro lado del océano, Castilla no pudiera reclamar una parte del botín. Colón, que sabía que sólo los vientos que nacían en las Canarias le ayudarían a llegar a su destino, no dio su brazo a torcer.

En su segunda llegada a Castilla, se entrevistó con los duques de Medina Sidonia y de Medinaceli. Si bien el primero, Enrique de Guzmán, no dio credibilidad a las ideas de Colón, el segundo optó por apoyarle, y después de acogerlo en su casa durante dos meses le procuró una nueva entrevista con los reyes. Luis de la Cerda, quinto conde y primer duque de Medinaceli, era a la sazón descendiente directo de Alfonso X el Sabio. Por mediación del cardenal Mendoza, en mayo de 1489 recibió la llamada de la reina Isabel, que se encontraba en Jaén. Mendoza acompañó a Colón a esta decisiva entrevista en la que la reina prometió al navegante atender su demanda, una vez cumplido el que era entonces su principal objetivo: la conquista de Granada.

Por fin había encontrado un patrocinador para su expedición, pero la conquista de Granada se demoró más de lo que a él le habría gustado. Además, durante aquella tensa espera, el descubrimiento del cabo de Buena Esperanza por parte de los portugueses, que abría una ruta marítima hacia la India rodeando el continente africano, restó interés a la opción colombina de alcanzar esas mismas tierras por el poniente.

En 1490, en Sevilla junto a la corte, un informe desfavorable sobre su plan le quitó esperanza. Fue en los días en que asistió a la boda, en esta misma ciudad, de la infanta Isabel con el heredero de la Corona portuguesa, el príncipe Alfonso. Su desesperación lo empujó a ofrecer su proyecto a Carlos VIII, rey de Francia. Mientras los Reyes Católicos preparaban desde Sevilla, entre noviembre de 1490 y abril de 1491, un nuevo ataque sobre Granada, Colón meditaba una posible entrevista con el rey francés. A pesar de la oposición del duque de Medinaceli, en otoño de 1491 viajó a Huelva para recoger a su hijo Diego, con la intención de dejarlo en Córdoba con Hernando y con la madre de este, para partir rumbo al norte.

Es en este viaje en el que las crónicas más fiables hablan de la primera visita de Colón a La Rábida. Y con toda seguridad debió de acercarse a sus puertas con cierto conocimiento de la hospitalidad de aquellos frailes, ya que la localidad de Palos no era precisamente un lugar de paso, rodeada de marismas. Aunque es posible, como quedó escrito años más tarde en los Pleitos colombinos, que Colón viera el convento cuando se dirigía a Palos para llegar a Huelva a través de la ría.

EL APOYO DE LOS FRAILES DE LA RÁBIDA

De cualquier modo, el ambicioso marino pasaba por una lamentable situación económica, y la ayuda de los frailes era poco menos que necesaria para él en aquel momento.

El hecho es que nuestro personaje llamó a la puerta del Monasterio de la Rábida acompañado de su hijo Diego, y fue acogido por los frailes, que dieron pan y agua al pequeño. Uno de ellos, fray Juan Pérez, se interesó especialmente por aquel extraño visitante y le preguntó por su procedencia. Como siempre misterioso acerca de sus orígenes, Colón sólo indicó que venía de la corte de Castilla, y luego pasó a contarle qué le había llevado a ver a los reyes.

Fresco en el monasterio de la Rábida que representa a Colón explicando a los monjes su proyecto de navegación.

El interés de fray Juan aumentó con este relato y Colón se hospedó en el convento junto a su hijo. La localidad de Palos contaba con un importante puerto y con marinos de prestigio, entre los que se contaban los hermanos Pinzón. El buen fraile contactó con un amigo suyo, el físico de Palos, y ambos se reunieron con Colón en el convento.

A raíz de ese encuentro, fray Juan escribió urgentemente a la reina para lograr un compromiso que frenara la partida de Colón a Francia. Y logró retenerlo los catorce días que tardó en llegar la respuesta. En ella, la reina llamaba a la corte a fray Juan Pérez, su antiguo confesor, y de resultas de su encuentro con él decidió recibir de nuevo al navegante, al que envió veinte mil maravedíes para que se presentara correctamente vestido ante ella y el buen fraile. La decisiva audiencia se celebró a finales de 1491, tan sólo unos días antes de que Colón presenciara con sus propios ojos la definitiva toma de Granada.

El 26 de abril de 1491 el ejército de Isabel y Fernando, dispuesto esta vez a poner sitio a Granada hasta que esta cayera, se estableció junto al ya escueto reino musulmán con entre cincuenta mil y ochenta mil hombres. Después de varios cercos que se habían levantado con la llegada del invierno, esta vez tenía que ser la definitiva y no hubo retirada de ningún tipo. Para reforzar su acoso sobre Granada, los reyes hicieron arrasar vegas, cultivos y árboles que pudieran servir de abastecimiento al enemigo. Además, levantaron una auténtica ciudad, Santa Fe, que, lejos de ser un simple campamento, se construyó con ladrillo para resistir el frío. Desde la nueva ciudad se podía observar perfectamente la vecina Granada.

Después de la relativa indiferencia con que los Reyes Católicos trataron a Colón hasta que su principal objetivo, la conquista de Granada, fue una realidad y los largos ocho siglos de presencia musulmana en la Península pasaron a la historia, por fin el almirante pudo defender su proyecto sin obstáculos de ningún tipo, más allá de la incredulidad de muchos de los que le escucharon.

Una vez tomada Granada, Colón fue de nuevo recibido por los reyes. Afortunadamente, contaba ya con influyentes amistades, pues de esa reunión no obtuvo más que una negativa ante las desproporcionadas exigencias que el marino hacía a cambio de lo que entonces no era más que un futurible. En concreto, Colón exigió ser nombrado gran almirante de la Mar Océana y virrey de todas las tierras que descubriese, además de un diez por ciento de los beneficios generados por la expedición. Fue el rey Fernando quien, airado, puso fin a la entrevista con una rotunda negativa. Seguían pesando en las mentes de los reyes otros proyectos futuros más palpables que la conquista de un nuevo mundo por entonces casi ilusorio. Entre estos proyectos, ya estaba en gestación la expulsión de los judíos de la Península, un edicto que se firmaría el 30 de marzo siguiente.

Imagen de Enrique VII de Inglaterra, otro de los monarcas que tuvieron acceso al plan de Colón. A su lado Carlos VIII de Francia, que supo tarde del proyecto de Colón e informó a Bartolomé del éxito de su hermano.

LAS CAPITULACIONES DE SANTA FE

Mientras abandonaba apesadumbrado Granada, meditando de nuevo un viaje a Francia, el buen hacer de personajes como fray Juan Pérez y fray Hernando de Talavera logró convencer a los reyes del interés del proyecto colombino, y un correo partió inmediatamente tras él para hacerlo regresar. Un judío converso, el tesorero del reino Luis Santángel, también contribuyó a convencer a la reina cuando se ofreció a adelantar el dinero personalmente, unos dos millones de maravedíes.

La rendición de Granada pintada por Francisco Pradilla en 1882.

Cerca de tres meses duraron las negociaciones que emprendieron fray Juan Pérez, en nombre de Colón, y Juan de Coloma, en representación de los reyes. El 17 de abril de 1492, en el Real de Santa Fe, el marino y los Reyes Católicos firmaban por fin las Capitulaciones de Santa Fe, el contrato con el que los monarcas se comprometían a apoyar a Colón en su misión y le concedían importantes prebendas. Este documento, cuidadosamente redactado por el navegante, incluía sus ambiciosas exigencias a cambio de ceder a Isabel y a Fernando aquellas tierras que descubriera.

En el preámbulo ya avanzaba: «Las cosas suplicadas e que vuestras altezas dan e otorgan a don Cristóbal de Colón en alguna satisfacción de lo que ha descubierto en los Mares Océanos y del viaje que agora, con el ayuda de Dios ha de facer por ellas en servicio de Vuestras Altezas, son las cosas que se siguen». Por cierto, que esa mención a lo que «ha descubierto» es otro de esos flecos que nuestro misterioso personaje ha donado a la historia para sembrar la duda, en este caso sobre el conocimiento previo de las tierras a las que pretendía viajar, quizá por el testimonio de algún marino que ya hubiera estado al otro lado del océano, tal como cuentan algunos cronistas. Una teoría que para algunos es apoyada por las palabras que los reyes escribieron a Colón el 16 de agosto de 1494, entre las que destaca esta frase: «Parécenos que todo lo que al principio nos dixistes que se podía alcanzar, por la mayor parte todo ha salido cierto, como si lo hobiérades visto antes que nos lo dixérades».

Pero el capítulo de las exigencias de Colón, que sin duda alguna había influido determinantemente en las negativas recibidas hasta el momento en Portugal, Génova y Castilla –e incluso en Inglaterra, adonde habría ido su hermano Bartolomé en 1485 para exponer el proyecto colombino a Enrique VIII–, es el más curioso de todos por cuanto los Reyes Católicos sucumbieron a tan ambiciosas pretensiones, que llegaban a tal punto que sus aspiraciones políticas lo convertirían en el segundo dignatario de Castilla tras la reina Isabel. Colón pretendía el cargo de almirante de todos los territorios que descubriera, para él y para sus herederos, además del de virrey y gobernador de esas tierras, con potestad también para nombrar funcionarios, y el tratamiento de Don. Se equiparaba de este modo con el almirante de Castilla, con sus mismos privilegios, y además pedía para su hijos Diego y Hernando el nombramiento como pajes del príncipe Juan.

En cuanto a las pretensiones pecuniarias, exigía cobrar una quinta parte de las mercancías y una décima

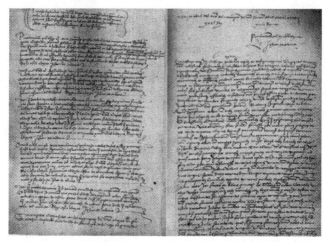

Documento de las Capitulaciones de Santa Fe firmado
por los reyes y Colón.

parte de los tesoros conseguidos, y participar con un
octavo en cualquiera de las expediciones comerciales
que se emprendieran, lo que suponía a su vez una octa-
va parte de los beneficios. Además, él ejercería de juez
ante los pleitos comerciales que pudieran surgir.

Uno de los aspectos más llamativos de este tratado es
que se daba por supuesto que Colón iba a descubrir nuevas tierras y a obtener poder político sobre ellas y beneficio
económico de su explotación, mientras que no se mencio-
naban las especias que supuestamente iba a buscar en su
inicialmente prevista expedición a las Indias.

LOS PREPARATIVOS

Una vez firmadas las Capitulaciones de Santa Fe, el 12
de mayo Colón emprendió el retorno a Palos, que casi
se había convertido en su hogar, determinado a partir

Mientras Colón preparaba su viaje, los Reyes Católicos, ya instalados en Granada, firmaron el decreto de expulsión de los judíos.

de allí con su expedición. No iba investido de las mercedes que había logrado arrancar de los reyes, pues estas se harían realidad tan sólo a partir del momento en que su misión tuviera el éxito pretendido. El 30 de abril, sin embargo, los monarcas habían firmado un nuevo documento en el que otorgaban a Colón el permiso de usar ya el tratamiento de Don y hacían vitalicios y hereditarios los cargos de virrey y gobernador.

El apoyo de los frailes de La Rábida no sólo le había servido para encontrar el apoyo de los reyes, sino que también le pusieron en contacto con un personaje sin el que muy probablemente no habría logrado alcanzar su objetivo: el armador y experto navegante Martín Alonso Pinzón, que era a la sazón un gran apasionado de las expediciones en busca de nuevos territorios.

Antes de su primer contacto con el experimentado marino, ya había comenzado a tratar con las gentes de Palos en busca de embarcaciones y una tripulación para emprender su viaje. El marino había llegado a la localidad onubense con una carta de los reyes para el alcalde, Diego Rodríguez Prieto, que ordenaba la construcción de dos carabelas para ponerlas al servicio de Colón. La villa de Palos estaba obligada a este trabajo para resarcir a los reyes de «algunas cosas fechas e cometidas por vosotros en desserbiçio nuestro», hechos que no quedan constatados.

Hasta que el afamado Martín Alonso Pinzón se unió a la expedición, el genovés no había encontrado más que rechazo en la población, a la que no conseguía convencer de su proyecto. Es más que probable que el carácter de Colón, al que algunos coetáneos describieron como soberbio, misterioso y convencido de ser un instrumento divino, no facilitara su labor de enrolamiento. También influyó la desconfianza que inspiraba un extranjero que traía un proyecto que parecía una locura a gente que no estaba dispuesta a adentrarse en el océano. El hecho es que Colón no consiguió convencer a nadie cuando el 23 de mayo congregó a los ciudadanos y a las autoridades de Palos en la iglesia de San Jorge para requerir el cumplimiento de la orden real.

La solución vino por la vía de los hermanos Pinzón. Junto a Martín Alonso Pinzón, que además iba a poner a disposición, en principio, una carabela propia –cosa que luego no sucedió–, se enrolaron sus hermanos Francisco Martínez Pinzón y Vicente Yáñez Pinzón y el piloto Juan de la Cosa. A partir de ahí, la tripulación se completó sin dificultad, y sin necesidad de recurrir al reclutamiento forzoso de presos de las cárceles andaluzas, como se llegó a plantear Colón y como algunos historiadores sugieren que ocurrió, a pesar de las dificultades que personajes de tal ralea le habrían causado en el viaje. Los Pinzón se encargaron de la administración de la empresa, armaron los barcos y reclutaron a los marineros, además de anticipar dinero de su bolsillo. Quedaba así organizada la flota descubridora más trascendental de la historia. También se unieron a la expedición otros tres hermanos, los Niño, de la vecina localidad de Moguer. En este caso no debieron de hacerlo de muy buena gana, pues la *Niña,* que era de uno de ellos, fue requisada para el viaje.

Para que el puerto de partida de la expedición tuviera un rango real, los monarcas compraron la mitad de la villa, por 16.400.000 maravedíes, a los hermanos Silva. Y es que en aquella época muchos de los puertos eran de carácter privado, y los reyes, en la costa andaluza, sólo poseían los de Sevilla, Málaga, Almería y los del litoral granadino, que habían conquistado a los musulmanes.

LA NAVEGACIÓN DE LA ÉPOCA

Preparar unas embarcaciones adecuadas para emprender tan arduo viaje no era sencillo. La experiencia marítima, que había proliferado en gran medida a lo largo del siglo XV gracias a las numerosas expediciones que por fin habían osado adentrarse en las duras y desconocidas aguas del océano, había influido notablemente en la industria naval. El refuerzo de los cascos con tablas a tope –técnica que mejoraba la estanqueidad al tiempo que optimizaba la capacidad de carga–, el aumento del tamaño de algunas velas y el invento del rizo para recogerlas, las mejoras conseguidas para construir mayores mástiles y fijarlos bien a la estructura, la reducción de la longitud de la quilla... todo fueron avances para conseguir una mayor resistencia a las olas y un mejor aprovechamiento de la fuerza del viento.

Réplicas de la *Pinta*, la *Niña* y la *Santa María* construidas en Cádiz y que se exhibieron en la Exposición Mundial Colombina de Chicago en 1893, con motivo del cuarto centenario del descubrimiento de América.

La nao *Santa María* y las carabelas *Pinta* y *Niña* no destacaban precisamente por su tamaño, más bien mediano. De cien y ciento cincuenta toneles la *Santa María* —el tonel era la medida empleada para el arqueo o cabida de las embarcaciones, y equivalía a cinco sextos de tonelada—, sus acompañantes tenían unos ciento quince y ciento cinco, respectivamente. En cuanto a los tripulantes, un total de noventa embarcaron en el primer viaje: cuarenta en la *Santa María,* treinta en la *Pinta* y veinte en la *Niña.* Si esta última había sido requisada a Juan Niño, la otra fue igualmente requisada a otra familia de Moguer, los Quintero, mientras que la nao, que según algunos historiadores era en realidad otra carabela pero de mayor tamaño, fue arrendada por Juan de la Cosa.

5

El primer viaje

1492, UN AÑO DE CAMBIOS

Ha querido la historia reunir en un año como 1492 diversos hechos de enorme trascendencia para la humanidad. Y no podemos olvidar que frente al patronazgo de una misión que aumentaría los límites del mundo conocido y en la que aquí nos hemos centrado, otros dos hechos vienen a darnos una imagen muy diferente de los Reyes Católicos. El primero de ellos, la conquista de Granada, da fe de una visión belicista contra los musulmanes. El segundo, la expulsión de los judíos de Castilla y Aragón, esconde tras el arraigado catolicismo de Isabel y Fernando una realidad xenófoba imposible de justificar. Y, para que no lo olvidemos, una de esas ironías de la historia quiso poner tan sólo un día en las cronologías entre la salida de los últimos judíos del puerto de Cádiz, el 2 de agosto, y la de la misión descubridora de Colón.

Fernando e Isabel se despiden de Colón en el puerto de
Palos, un grabado alegórico, ya que los reyes no
presenciaron realmente su partida.

Ese mismo 2 de agosto de 1492, Cristóbal Colón
mandó embarcar a toda su gente, y al día siguiente,
antes de salir el sol, dejaba el puerto de Palos. Junto a los
noventa pilotos, marineros y grumetes viajaban también cerca de veinte personas entre sirvientes, personas
de confianza y funcionarios públicos enviados por los
reyes. Los tripulantes eran en su mayoría andaluces,
además de vascos, gallegos, murcianos, un portugués,
un genovés, un calabrés y un veneciano. Las embarcaciones, de pequeño tamaño, contribuían, por su escaso
coste, a rebajar los gastos de una misión de dudosa ren-
tabilidad.

Cada nave llevaba, como era habitual en la época,
tres oficiales: capitán, maestre y piloto. El maestre solía
ser el propietario de la embarcación –y así fue en este

caso con la *Niña* y la *Santa María*–, y dirigía a los marineros junto al timonel. La tripulación se dividía en dos mitades, una a cargo del maestre y otra a cargo del timonel, y el trabajo se repartía entre ambas por turnos de cuatro horas. El primero comenzaba a las siete de la mañana, y a las once, en el primer cambio, aprovechaban para hacer la comida fuerte del día. Eran los alimentos principales galletas secas de harina de trigo, aceite de oliva, vino, sardinas, queso, ajo, algunas veces carne y, cuando lo capturaban, pescado fresco. El capitán era el único que tenía un camarote individual. Los demás oficiales compartían otro, mientras que los marineros debían dormir al raso o, en caso de lluvia, en el castillo de proa o en el entrepuente. Afortunadamente, en ese viaje disfrutaron de un tiempo espléndido, al menos para dormir, porque la excesiva calma de algunos días retrasaría la llegada al otro extremo del océano. La corona estableció un sueldo de dos mil maravedíes al mes para maestres y pilotos, mil para los marineros y 666 para los grumetes.

A la izquierda, Juan de la Cosa, propietario de la *Santa María,* en la que navegó como maestre al mando de Colón. En el centro, Martín Alonso Pinzón, capitán de la *Pinta,* y a su lado su hermano Vicente Yáñez Pinzón, que se puso al mando de la *Niña.*

Al mando de la *Santa María* y de la expedición se puso el propio Colón, que llevaba de segundo a Juan de la Cosa, procedente de Santoña, y de timonel a Pedro Alonso Niño. Martín Alonso Pinzón se hizo cargo de la *Pinta,* con su hermano Francisco de segundo y Cristóbal García Sarmiento de timonel. Al frente de la *Niña,* Vicente Yáñez Pinzón con Juan Niño de segundo y Sancho Ruiz de Gama de timonel.

Los reyes habían enviado a sus propios hombres con la misión de hacer valer los derechos de la Corona. Como alguacil de la flota, una suerte de comisario de policía, iba Diego de Arana, primo de Beatriz, amante de Colón. Un alguacil en cada nave desempeñaría las funciones legales, y el escribano Rodrigo de Escobedo redactaría documentos legales y levantaría las actas de posesión de las tierras que fueran descubiertas. Rodrigo Sánchez de Segovia, como veedor oficial, velaría específicamente por que los derechos de la Corona fuesen respetados. Además, les acompañaba un intérprete de árabe que utilizarían para su supuesta llegada a las Indias. Y, por último, en cada nave, un contramaestre, un médico, un calafate y un tonelero.

Curiosamente, y a pesar de lo que han intentado demostrar algunos historiadores, que incluso hablan de fray Juan Pérez como uno de los embarcados, ningún religioso, ni tan siquiera un sacerdote, se embarcó en la expedición descubridora. A pesar de la profunda devoción religiosa de los reyes y del propio Colón, la única representación religiosa que partió a ultramar fueron las cruces de redención cristiana de las velas (sin filiación templaria, como algunos han querido ver) y la bendición que los franciscanos de La Rábida habían dado a las naves. El propio Colón, movido por su espíritu religioso, se encargaría de dirigir el canto de la *Salve* cada noche.

VIAJE NARRADO EN PRIMERA PERSONA

Igual que hemos hablado de la afición de Colón por la lectura, tenemos que hacer mención de lo prolífico de sus escritos, y he aquí que el navegante, orgulloso de comenzar por fin un viaje que llevaba ya muchos años en mente, se entregó a la labor de escribir un diario con la relación de su viaje, como haría más tarde, de nuevo, en el tercer y el cuarto viaje. Se dirigía en el inicio Colón a los reyes con agradecimiento y sin dejar de hacer mención a las mercedes obtenidas en el contrato firmado en Santa Fe en abril, para detallar de este modo el momento decisivo del inicio:

> [...] Y partí del dicho puerto muy abasteçido de muy muchos mantenimientos y de mucha gente de la mar a tres días del mes de Agosto del dicho año, en un viernes, antes de la salida del sol con media [h]ora, y llevé el camino de las islas de Canaria de Vuestras Altezas, que son en la dicha Mar Occéana, para de allí tomar mi derrota y navegar tanto, que yo llegase a las Indias, y dar la embaxada de Vuestras Altezas a aquellos prínçipes y cuomplir lo que así me avían mandado, y para esto pensé de escrevir todo este viaje muy puntualmente, de día en día todo lo que yo hiziese y viese passasse, como adelante se veirá. También, Señores Prínçipes, allende de escrevir cada noche lo qu'el día passare y el día lo que la noche navegare, tengo propósito de hazer carta nueva de navegar, en la cual situaré toda la mar y tierras del mar Occéano en sus proprios lugares, debaxo su viento, y más componer un libro y poner todo por el semejante por pintura, por latitud del equinoccial y longitud del Occidente, y sobre todo cumple mucho que yo olvide el sueño y tiente mucho el navegar, porque así cumple; las cuales serán gran trabajo.

Posiblemente el diario de Colón sea uno de los documentos más importantes de la historia de los descubrimientos geográficos. Desgraciadamente, el texto íntegro se perdió, y hoy únicamente se conserva una versión resumida y comentada por fray Bartolomé de las Casas, por lo que a veces leemos textos en tercera persona referidos al almirante, y en otras ocasiones se reproducen textualmente sus palabras.

La expedición no fue sencilla, y hubo de sortear desde el posible sabotaje de la *Pinta* hasta los amagos de motín que, especialmente en la *Santa María,* se produjeron cuando el viaje ya casi tocaba a su fin. A los seis días de la partida de Palos, llegaron a Canarias, de donde Colón, conocedor de esas aguas, sabía que soplaban los vientos alisios en dirección a occidente, lo que le habría de valer para llegar a las Indias. Como ya se ha comentado anteriormente, esta razón había enfrentado el proyecto de Colón con el ofrecimiento del rey portugués de utilizar como base alguna de sus islas en el océano en lugar de aquellas, dominadas por Castilla.

Para desesperación del almirante, la estancia en las Canarias se demoró más de un mes por cuenta de una avería en la *Pinta* que bien pudo deberse al sabotaje a manos de su propietario, Cristóbal Quintero, que había emprendido aquel viaje a regañadientes. El timón se había soltado de las hebillas, y Colón envió la nave a reparar a Gran Canaria mientras él iba con las otras dos a La Gomera para recoger provisiones y esperar la reanudación de la misión. Ante la tardanza, se aprovechó para cambiar las velas triangulares de la *Niña* por otras cuadradas, que aprovecharían mejor la fuerza motriz de los vientos, pues a Colón no le gustó cómo se desenvolvía en la mar. El diario del comandante recogió así este episodio:

> Saltó o desencasóse el governario a la caravela *Pinta,* donde iva Martín Alonso Pinçón, a lo que se creyó o sospechó por industria de un Gómez Rascón

y Cristóval Quintero, cuya era la caravela, porque le pesava ir aquel viaje, y dize el Almirante que antes que partiesen avían hallado en çiertos reveses y grisquetas, como dizen, a los dichos. Vídose allí el Almirante en gran turbaçión por no poder ayudar a la dicha caravela sin su peligro, y dize que alguna pena perdía con saber que Martín Alonso Pinçón era persona esforçada y de buen ingenio.

En el largo mes de espera, sobre el que no hay anotación alguna en el diario desde el 9 de agosto hasta el 6 de septiembre, se llegó a meditar incluso el posible reemplazo de la *Pinta* por otra carabela. También hubo en ese lapso tiempo para los bulos, y así corrió la voz de que el monarca portugués, enterado del viaje colombino, había enviado tres naves para impedir su buen fin. Salvador de Madariaga lo atribuye a la imaginación del almirante, y defiende que la presencia de carabelas

Las tres carabelas, representadas en un grabado de la época, ya todas con las velas principales cuadradas.

103

portuguesas en esas aguas era perfectamente normal, y que es más bien atribuible a que «Colón construyese en su fantasía toda esta historia de persecución, teniendo por un lado aviso de Castilla de que anduviese prevenido y sintiéndose por otro no muy a gusto en su conciencia sobre el rey de Portugal».

Hernando Colón sí narró, aunque brevemente, en *Historia del almirante,* lo sucedido durante esos largos días de espera en las Canarias, una suerte de idas y venidas de unas islas a otras, que incluyeron una noche «cerca de Tenerife, de cuya montaña se veían salir grandísimas llamas, de lo que, maravillándose su gente, les dio a entender el fundamento y la causa de tal fuego, comprobando todo con el ejemplo del monte Etna de Sicilia y de otros muchos montes donde se veía lo mismo». Se trataba, según estudios geológicos realizados siglos más tarde, de la quinta erupción de la historia del Teide.

Mucho se ha conjeturado sobre lo que Colón hizo durante todo un mes en la isla de La Gomera, e incluso se ha dicho que él mismo retrasó la salida por haber establecido una historia de amor con Beatriz de Bobadilla. Esta había sido dama de Isabel la Católica hasta que la propia reina la hizo casar con Hernán Peraza, señor feudal de La Gomera, para alejarla de Fernando el Católico, del que dicen que sentía atracción por la joven e incluso que pudo tener relaciones con ella. Beatriz enviudó en 1488 y se hizo cargo del gobierno de la isla; como tal, abasteció a la flota de Colón en este viaje y en los dos siguientes, en 1493 y en 1498, año en el que se casó con Alonso Fernández de Lugo, adelantado de Canarias.

POR FIN, RUMBO A LAS INDIAS

El jueves 6 de septiembre, por fin, el diario de Colón volvió a recoger sus palabras, entre las que está la narración del episodio de las supuestas naves portuguesas que lo acosaban:

> Partió aquel día por la mañana del puerto de La Gomera y tomó la buelta para ir su viaje. Y supo el Almirante de una caravela que venía de la isla de El Hierro que andavan por allí tres caravelas de Portugal para lo tomar; devía de ser de enbidia qu'el Rey tenía por averse ido a Castilla. Y anduvo todo aquel día y noche en calma, y a la mañana se halló entre La Gomera y Tenerife.

En esta llamémosla segunda partida, Colón creía estar ya situado en el paralelo de Cipango –la actual Japón–, el destino al que él pensaba que se estaba dirigiendo, la tierra a la que él ambicionaba llegar, de la que tanto había leído en los relatos de Marco Polo. Con un comienzo de la travesía marcado por la calma, y previendo que sus cálculos pudieran estar equivocados, el 9 de septiembre, al pasar por la isla de El Hierro, decidió anotar menores distancias de las que realmente recorrían cada día, con la idea de no provocar la desilusión de sus hombres, algunos ya nerviosos por el humo que habían visto salir del Teide, que atribuyeron a un mal augurio. Como él mismo explicaba, «anduvo aquel día quince leguas, y acordó contar menos de las que andava, porque si el viaje fuese luengo no se espantase y desmayase la gente». Empezaba a dudar de que la tierra al otro lado del océano distara tan sólo setecientas leguas de su punto de partida. Y se quejaba, ese mismo día, del trabajo de sus hombres: «Los marineros governavan mal, decayendo sobre la cuarta del Norueste y aun a la media partida, sobre lo cual les riñó el Almirante muchas veces».

No se equivocaba Colón cuando trataba de restar preocupaciones a sus hombres, pues nada más perder del horizonte todo rastro de la isla de El Hierro, muchos empezaron a creer que iba a ser la última tierra que vieran en sus días, y el decaimiento de unos influyó en los otros, de modo que tan sólo la determinación que mostraba el almirante en su teoría servía, de algún modo, para seguir adelante. A partir del 10 de septiembre, comenzó a anotar en su diario la distancia que calculaba haber recorrido y la falsa, la que escribía en el diario de navegación. Así, ese mismo día recorrieron supuestamente sesenta leguas, pero hizo creer a sus hombres que habían sido cuarenta y ocho. Lo cierto es que los cálculos reales estaban tan sobredimensionados, que la distancia que decía recorrer era más cercana a la real que la que ocultaba para sí. La dificultad de medir la distancia y la velocidad en aquellos tiempos, con unos medios más bien escasos, precisaban del conocimiento de marinos muy experimentados para calcular estas magnitudes.

El 14 de septiembre, marineros de la *Niña* vieron aves que, según escribió Colón, no solían alejarse de la

Grabado alegórico de Theodore de Bry que representa el ansiado encuentro de la tierra al otro lado del océano.

costa más de veinticinco leguas. Sería este un fenómeno común en lo sucesivo, y los equivocados conocimientos de las diferentes aves les fueron haciendo creer que no se encontraban lejos de tierra. También las algas estarían presentes durante la mayor parte del viaje, lo que igualmente les confundió, pues pensaban que se trataba de hierbas procedentes de tierra firme. La plaga de algas que encontraron el 16 de septiembre, la primera de todas, produjo diferentes reacciones. Colón pensaba que la tierra estaba cerca, que había islas alrededor de su ruta, y que tan sólo el azar les impedía verlas a uno u otro lado.

En realidad se encontraban en el mar de los Sargazos, una zona desconocida hasta entonces y en la que los marineros creían que iban a encallar. Colón escribió sobre este fenómeno: «Aquí começaron a ver muchas manadas de yerba muy verde que poco avía (según le pareçía) que se avía desapegado de tierra, por la cual todos juzgavan que estavan cerca de alguna isla, pero no de tierra firme, según el Almirante, que dize: "porque la tierra firme hago más adelante"». Por su parte, los marineros, desmoralizados y temerosos por cuenta de las numerosas leyendas que en aquellos tiempos escupía la mar, temían ser tragados por aquel inmenso bosque flotante.

Justo entonces se produjo otro fenómeno que dio alas a la confusión, y fue la descoordinación que mostraron las agujas respecto a la estrella Polar para marcar el norte. Colón, seguramente tan desconcertado como el resto de la tripulación, supo salir del paso atribuyendo este hecho a las leyes de la astronomía, y logró convencer a los demás con la argucia de que esa estrella hacía un pequeño recorrido y no permanecía inmóvil. «La causa fue porque la estrella que parece haze movimiento y no las agujas», escribió. Incluso los hermanos Pinzón y Juan de la Cosa, escépticos, admiraron la forma de Colón de dominar la impaciencia y el temor de sus hombres. Un cangrejo vivo entre las algas, «que pareçían yervas de ríos», volvió a despertar las esperanzas de hallarse cerca de tierra.

MIEDO Y DESCONTENTO A BORDO

Los problemas, sin embargo, siguieron creciendo, algo lógico en unas gentes temerosas de un mar desconocido. El 20 de septiembre se perdieron los vientos alisios y la calma frenó drásticamente el avance de las embarcaciones. El miedo de algunos contrastaba con la tranquilidad de otros hombres que aprovechaban esta situación para pescar e incluso para bañarse en las inmensas aguas del Atlántico.

También había lugar para el optimismo, y la aparición de una ballena el día 21, además de numerosas aves y desde el día 23 gran cantidad de cangrejos encaramados a las algas, hicieron pensar a algunos que no se hallaban ya muy lejos de la tierra firme. Unos días recuperaban los vientos alisios y otros los perdían y se veían perdidos en una calma total que sembraba la incertidumbre. Sólo los más esperanzados empezaban a observar el horizonte con el ansia de ser los primeros en ver tierra para obtener la renta de diez mil maravedíes que habían establecido los reyes como premio.

Empezaron de este modo también los falsos avistamientos. El primero fue el 25 de septiembre, el de Martín Alonso Pinzón, que tuvo que admitir luego que se había tratado de un espejismo. Así quedó en el diario de Colón:

> Al sol puesto, subió el Martín Alonso en la popa de su navío, y con mucha alegría llamó al Almirante, pidiéndole albriçias que vía tierra. Y cuando se lo

oyó dezir con afirmación al Almirante, dize que se echó a dar gracias a Nuestro Señor de rodillas, y el Martín Alonso dezía *Gloria in excelsis Deo* con su gente. Lo mismo hizo la gente del Almirante y los de la *Niña*. Subiéronse todos sobre el mastel y en la xarçia y todos affirmaron que era tierra, y al Almirante así pareçió y que avría a ella 25 leguas. Estuvieron hasta la noche affirmando todos ser tierra. Mandó el Almirante dexar su camino, que era el Güeste, y que fuesen todos al Sudueste, adonde avía parecido la tierra.

Tardaron en descubrir la realidad. Mientras tanto, algunos hombres aprovecharon la calma de la mar para echarse a nadar.

Fue el día 26 cuando descubrieron, después del mediodía, que lo que creían tierra era cielo. Este primer supuesto avistamiento había desatado una euforia tal, que el desánimo posterior fue aún mayor y creció entre los hombres, sobre todo en la *Santa María,* el sentimiento de que estaban acompañando a un loco a una muerte segura.

El peligro de motín era cada vez mayor en la nao comandada por Colón, hasta tal punto que algunos hombres trataban de convencer a sus compañeros de la idea de lanzar al extranjero por la borda y regresar a Castilla. Colón no era ajeno a las miradas que, entre el secretismo y el odio, lo acompañaban en sus paseos por la cubierta, de modo que acudió a Martín Alonso Pinzón para pedirle consejo. La rivalidad entre ambos marinos, especialmente por los celos de Colón, que veía con envidia las artes de navegación y el buen dominio de sus hombres que tenía el mayor de los Pinzón, había crecido a partir del equivocado hallazgo del onubense. Y es que nuestro personaje, a pesar de haber logrado enormes prebendas de los reyes, no dejaba de soñar con ser el primero en ver tierra y ganar el premio real.

La tripulación de la *Santa María* mostró su descontento y Colón tuvo que amenazarles para evitar el motín.

Pero Colón hubo de tragarse su orgullo cuando recurrió a Martín Alonso Pinzón para solicitar su consejo. Y la respuesta le estremeció, pues no dudó el armador en proponerle que ajusticiara a algunos de sus hombres para dar muestra de su dote de mando, o que él mismo lo haría si él no se atrevía. Parece ser que Colón se conformó con hacer correr la voz de la amenaza y de tal modo consiguió un cierto respeto de la tripulación, temerosa en realidad de Pinzón, a quien creían capaz de tal escarmiento. No hizo anotación alguna, sin embargo, del descontento general en su diario.

No dispuesto a ceder protagonismo en ningún episodio del viaje, Colón se negó el 6 de octubre a atender al consejo de Martín Alonso Pinzón, que le proponía cambiar el rumbo de oeste a sudoeste. Se excusó de este modo en sus notas, en palabras de fray Bartolomé de las Casas: «Dezía esto Martín Alonso por la isla de Çipango, y el Almirante vía que si la erravan que no pudieran tan presto tomar tierra, y que era mejor una vez ir a la tierra firme y después a las islas». Al día siguiente, una mezcla de orgullo y desasosiego debió de estallarle en el corazón. Mientras oía el tiro de lombarda que se había establecido para avisar cuando se viese tierra en el horizonte, la pena de no haber sido él el primero se debió de compensar con la determinación con que había decidido seguir el mismo rumbo. Pero se trataba de una nueva falsa alarma. Poco después encontró el ambicioso navegante una excusa para tomar la ruta del sudoeste como si de una iniciativa propia se tratase. Fue cuando comenzó a ver bandadas de pájaros en la dirección que Pinzón le había recomendado.

Acompañaron pues en su viaje a los pájaros, que escribió Colón el día 7 que «era de creer que se ivan a dormir a tierra, o huían quiçá del invierno, que en las tierras de donde venían devía de querer venir». Un día después, la calma le inspiró el recuerdo de Sevilla: «Tuvieron la mar como el río de Sevilla. "Gracias a Dios", dice el Almirante. Los aires muy dulces, como

111

en Abril en Sevilla, qu'es plazer estar a ellos, tan olorosos son. Pareció la yerva muy fresca; muchos paxaritos de campo, y tomaron uno, que ivan huyendo al Sudueste, grajaos y ánades y un alcatraz».

Hubo de determinar el comandante de la expedición, tras el segundo amago, que en adelante, ante la profusión de equivocados avistamientos de tierra, los falsos avisos quedarían inhabilitados para obtener el premio de la Corona. Esa tierra estaba ya casi ante ellos, y el 11 de octubre comenzaron a aparecer palos, cañas y hierbas en el agua, lo que hacía presagiar la cercanía de tan ansiado destino. Una noche antes había escrito nuestro personaje, en versión de De las Casas: «Aquí la gente ya no lo podía çufrir: quexávase del largo viaje, pero el Almirante los esforçó lo mejor que pudo, dándoles buena esperança de los provechos que podrían aver, y añadía que por demás era quexarse, pues que él avía venido a las Indias, y que así lo avía de proseguir hasta hallarlas con el ayuda de Nuestro Señor».

¡TIERRA A LA VISTA!

La noche del día 11, sobre las diez, antes de que saliera la luna, Colón creyó ver una luz en el horizonte, lo que le serviría, a la postre, para adjudicarse la renta de diez mil maravedíes. Lo cierto es que se lo hizo saber a dos tripulantes, uno de los cuales también creyó verla, y eso sirvió a su hijo Hernando Colón para atribuir a su padre el descubrimiento del Nuevo Mundo el 11 de octubre de 1492. Fray Bartolomé de las Casas dejó escrito, según el diario:

> Llamó a Pero Gutiérrez repostero d'estrados del Rey e díxole que pareçía lumbre, que mirasse él, y así lo hizo, y vídola. Díxolo también a Rodrigo

Sánchez de Segovia, qu'el Rey y la Reina embiavan en el armada por veedor, el cual no vido nada porque no estava en lugar do la pudiese ver. Después qu'el Almirante lo dixo, se vido una vez o dos, y era como una candelilla de cera que se alçava y levantava, lo cual a pocos pareçiera ser indiçio de tierra; pero el Almirante tuvo por çierto estar junto a la tierra.

El auténtico descubrimiento tardó aún cuatro horas en hacerse realidad, a las dos de la madrugada del día 12. Pero, ya Colón, que se había adjudicado el hallazgo, había mandado a sus hombres a hacer guardia y prometió tan sólo un jubón de seda para el que viese tierra. Iba la

Un nuevo grabado de Theodore de Bry, que muestra la llegada a tierra y el primer encuentro con los indígenas.

Pinta en vanguardia, porque era «más velera», y el marinero Juan Rodríguez Bermejo, conocido por sus compañeros como Rodrigo de Triana, encaramado en lo alto de la cofa, dio el esperado grito. A continuación, se disparó la lombarda, se izó la bandera y se arriaron las velas para esperar a la nao *Santa María*.

La espera hasta el amanecer fue de alegre celebración, y al alba apareció una pequeña isla que Colón y el propio Martín Alonso Pinzón pensaron que era Cipango. En ese momento, Cristóbal Colón se convirtió de hecho en almirante de la Mar Océana y, como tal, desembarcó con un séquito que trataría de dar esplendor al momento más importante que se había producido en la historia de Castilla.

La isla de Guanahaní, como la llamaban los indígenas, fue bautizada por el almirante como San Salvador. Acompañado de los capitanes y de los funcionarios reales, pisó tierra, como narra Salvador de Madariaga, «suntuosamente vestido» y con la bandera real en la mano. Lo escoltaban Martín Alonso Pinzón y Vicente Yáñez Pinzón, con sendas banderas de la Cruz Verde que llevaban las inscripciones «F» e «I» a los lados.

Antes de pisar tierra vieron «gente desnuda», y una vez «puestos en tierra vieron árboles muy verdes y aguas muchas y frutas de diversas maneras». Ante los capitanes de las dos carabelas, el escribano de la armada Rodrigo de Escobedo y el veedor Rodrigo Sánchez de Segovia, tomó posesión de la isla en nombre de los Reyes Católicos. Los indígenas, a decir de Colón, eran cada vez más, atraídos seguramente por la extrañeza de las gentes que acababan de llegar a su isla. Llamó la atención de todos la bondad de aquellas gentes, que según el almirante sería fácil que se convirtieran a «nuestra sancta fe con amor que no por fuerça», y los obsequió con «bonetes colorados y unas cuentas de vidrio que se ponían al pescueço, y otras cosas muchas de poco valor, con que ovieron mucho plazer y quedaron tanto nuestros que era maravilla». Comenzaba así, con éxito, el intercambio de baratijas por oro.

EL ENCUENTRO DE DOS MUNDOS

Después del rito de instalación de la bandera caste-llana, ante los presentes que habían entregado a los indios, estos comenzaron a nadar hacia los barcos para obtener más, y a cambio llevaban «papagayos y hilo de algodón en ovillos y azagayas y otras cosas muchas». Los indígenas comprobaron enseguida que lo que realmente interesaba a los españoles era el oro, esos adornos que ellos llevaban colgados de la nariz. Y Colón no dudó en darles la razón cuando escribió en su diario:

> Y yo estava atento y trabajava de saber si avía oro, y vide que algunos d'ellos traían un pedaçuelo colgado en un agujero que tienen a la nariz. Y por señas pude entender que, yendo al Sur o bolviendo la isla por el Sur, que estava allí un Rey que tenía grandes vasos d'ello y tenía muy mucho. Trabajé que fuesen allá, y después vide que no entendían en la ida. Determiné de aguardar fasta mañana en la tarde y después partir para el Sudeste –que según muchos d'ellos me enseñaron dezían que avía tierra al Sur y al Sudeste y al Norueste; y qu'estas del Norueste les venían a combatir muchas vezes–, y así ir al Sudeste a buscar el oro y piedras preçiosas.

A Colón le pareció gente pobre, y es que iban «todos desnudos como su madre los parió», y le llamó la atención que ninguno pasara aparentemente de los treinta años, así como que sólo había visto a una mujer entre todo aquel gentío. Los describe como «muy bien hechos, de muy fermosos cuerpos y muy buenas caras, los cabellos gruessos cuasi como sedas de cola de cavallos e cortos. Los cabellos traen por ençima de las çejas, salvo unos pocos detrás que traen largos, que jamás cortan». Estaba convencido de que eran pacíficos porque no tenían armas y ni siquiera reconocían como tales las espadas que los españoles portaban, y con las que algún indígena tan curioso como ignorante resultó herido.

Se plantea Madariaga que los indígenas, «desprovistos del sentido de la propiedad», debieron de interpretar la ceremonia de posesión como un acto simbólico o mágico. Máxime con el boato de la ceremonia y los dignos y pesados ropajes que aquellos extraños que venían del mar llevaban en un lugar en el que no hacía precisamente frío. Dos culturas muy diferentes acababan de encontrarse.

Sin resistencia alguna a sus propósitos, Cristóbal Colón acababa de hacer realidad su sueño. Estaban en una pequeña isla, pero aún quedaba mucho por encontrar y, lo que era realmente importante, había demostrado su teoría y se había convertido, gracias a aquel pequeño pedazo de tierra, en uno de los hombres más poderosos de Castilla y, por ende, del mundo. Provisto de un inagotable afán de grandeza, incluso había acertado al compararse con uno de los más grandes marinos de la historia cuando, días antes de pisar tierra, tradujo unos versos de Séneca contenidos en su obra *Medea:* «Vendrán los tardos años del mundo ciertos tiempos en los cuales el mar océano aflojará los atamientos de las cosas y se abrirá una grande tierra y un nuevo marinero como aquel que fue guía de Jasón que hubo nombre Thyphis descubrirá nuevo mundo y entonces no será la isla Thule la postrera de las tierras».

LEJOS DE LAS INDIAS ORIENTALES

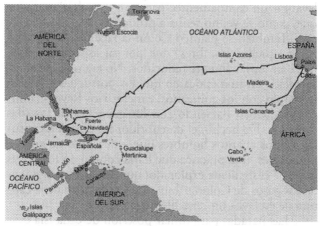

En el mapa se puede apreciar el recorrido que hizo Colón en su primer viaje y la realidad de la tierra que le quedaba por descubrir.

Ninguna circunstancia había hecho pensar a Cristóbal Colón que aquellas islas que había descubierto, las actuales Bahamas, no eran los fabulosos y soñados reinos del Gran Khan. Efectivamente, él creía encontrarse en aquellas tierras ampliamente descritas con el nombre de las Indias. Obsesionado por llegar a Cipango, apenas se preocupó por encontrar oro en San Salvador y el 14 de octubre reanudó el viaje, para recalar el día siguiente en otra isla que bautizó con el nombre de Santa María de la Concepción –hoy Rum Cayo–, y el 16 en la que llamó Fernandina –hoy Long Island–. El 19 de octubre bautizó la actual isla de Crooked Island con el nombre de Isabela. En estas islas los indígenas, sorprendidos por la llegada de aquellos extraños, se lanzaban a nado al mar para darles la bienvenida y ofrecerles agua y comida. A pesar de todo esto, los españoles buscaban siempre un terreno seguro cuando pretendían levantar un campamento, para evitar cualquier ataque que, como se ve, no se iba a producir.

También se planteó Colón la facilidad de esclavizar a aquellos hombres, que por su aspecto pacífico podrían ser fácilmente reducidos. No era una idea descabellada en una época en que los portugueses hacían lo propio con los guineanos, e incluso los Reyes Católicos lo estaban haciendo con los guanches de las islas Canarias. De hecho, el descubridor no dudo en capturar a unos cuantos hombres que le sirvieran de guías e intérpretes, una práctica que haría común en todos sus viajes. Y el siguiente explorador que pisó esa isla siguiendo los pasos de Colón, Alonso de Ojeda, hizo de la captura de esclavos un rentable negocio.

Las paradas para tomar posesión de cada isla descubierta hacían lento el viaje, pero Colón no quería dar por supuesto que las islas estaban tomadas y pretendía dar constancia de todos sus pasos, aunque fuera muy brevemente. De cualquier modo, después de los temores y la incertidumbre de sus hombres durante la travesía transatlántica, ya superados, aquello era casi un viaje de placer para todos. Aunque Colón seguía buscando la añorada Cipango, el oro y las riquezas naturales que iba encontrando por el camino no hacían sino aumentar su optimismo. Los coloridos papagayos y peces, así como el resto de la fauna y los bellos paisajes, quedaron detalladamente descritos en las anotaciones del almirante, que no desfallecía motivado por encontrar las ricas y avanzadas civilizaciones de las cuales había escrito Marco Polo. El salvajismo de aquellas gentes, tan diferentes de chinos y japoneses, no hacían mella en un Colón que había leído cómo Marco Polo también había encontrado indígenas en sus viajes a Oriente.

El 24 de octubre la expedición abandonó las que hoy son las islas Bahamas en dirección a otra isla que, por el nombre que los indígenas le daban, Cuba, a Colón le parecía, por el parecido fonético, que se trataba de Cipango. En el camino, el día 25 encontraron las islas de la Arena, y el 28 llegaron a Cuba, donde los indígenas decían que abundaba el oro, y fue bautizada con el nombre de Juana en honor a la heredera de los Reyes Católicos. Allí Colón creyó más estar en Catay (China) que en Cipango, porque no hallaba por ningún lado los ricos palacios descritos por Marco Polo. Raro es que la enorme confusión de Colón no lo llevara a la locura, pues, determinado a encontrar Cipango y Catay, no hacía más que confundir las tierras y los personajes de que los indígenas le hablaban con esos lugares que realmente seguían estando muy lejos de allí, más al norte y al otro lado de un continente con el que él no contaba, pero que acababa de incorporarse al mundo civilizado. Tampoco tenía noticia el descubridor de que el último Gran Khan hacía ya ciento veinticuatro años que había sido depuesto. Tal era la comunicación que existía en aquellos tiempos entre Europa y Oriente.

En Cuba fue más difícil establecer contacto con los indígenas, que huían recelosos de ellos. Comenzó a emplear Colón la táctica de enviar a tierra a uno de los indios que llevaba en su barco para que explicase a aquellos hombres que los extraños personajes que venían del mar eran buena gente. Y entonces, perdido el miedo, los indios subían a sus veloces canoas y acudían al encuentro de los europeos con regalos. En el caso de Cuba no había oro, como comprobarían más tarde los colonizadores.

En otra de tantas confusiones, Colón creyó que un tal rey Cami era el Gran Khan de Cipango, y como flamante representante de los Reyes Católicos no dudó en enviar el 2 de noviembre a Luis de Torres y a Rodrigo de Jerez en misión diplomática al interior de la isla para hacerle llegar un mensaje que fue redactado en árabe. En ese mundo mágico que se iba desvaneciendo ante sus propios ojos, los embajadores, guiados por los indígenas capturados en San Salvador, llegaron a un poblado cuando creían que llegarían a una rica ciudad regida por un opulento rey. La recepción fue muy afectuosa, pues fueron llevados a hombros e incluso les besaron los pies y los instalaron en una de las mejores chozas.

Tres días después de su partida, los hombres regresaron sin noticias del Gran Khan y, en lugar de la fuente donde nacía el oro, que tanto ambicionaba encontrar Colón, habían descubierto el uso que los indígenas hacían de un material mucho más efímero: el tabaco. Lo que describieron como tizones eran una suerte de cigarros puros, que ya entonces eran habituales en los hombres y las mujeres de aquella isla. No se quedaron a probarlos, pues Colón estaba muy defraudado y decidió reemprender el viaje, con la intención de bordear aquella isla tan grande en busca de mejor suerte.

Llegada a La Española

Las diferencias entre el almirante y Martín Alonso Pinzón, capitán de la *Pinta*, habían seguido creciendo a pesar de todo lo ocurrido, y el 21 de noviembre el marino de Palos decidió separarse de la expedición y emprender su propia exploración, como relató Colón, posiblemente con una mezcla de rencor y celos: «Este día se apartó Martín Alonso Pinçón con la caravela *Pinta*, sin obediençia y voluntad del Almirante, por cudiçia, diz que pensando que un indio que el Almirante avía mandado poner en aquella caravela le avía de dar mucho oro. Y así se fue sin esperar, sin causa de mal tiempo, sino porque quiso. Y dize aquí el Almirante: "Otras muchas me tiene hecho y dicho"». Existe la posibilidad de que la nave de Pinzón se despistara del resto por un simple error de comunicación en un cambio de rumbo que el onubense no detectó, como ha defendido algún historiador. Pero también es verdad que Pinzón seguía empeñado en llegar a la isla de Babeque, que los indígenas decían que rebosaba oro, a lo que Colón había renunciado por la dificultad de la *Santa María* ante unos vientos que se mostraban contrarios a su rumbo. Lo cierto es que un mes más tarde, antes de regresar a Europa, los dos marinos se reencontrarían.

El 6 de diciembre Colón llegó a Haití, una isla que le recordó tanto a Castilla que la bautizo como La Española. Seguramente había llegado allí también guiado por los indios que había visto en Cuba, que, como si jugaran al ratón y al gato con el descubridor, le habían indicado que allí encontraría oro en abundancia. Bien parece que los indígenas del Caribe habían decidido marear a nuestro héroe, enviándolo de un lado a otro para ver hasta dónde era capaz de llegar. Por si faltara algún dato para creer en tan insólita teoría, añadiremos que los indígenas le habían enviado a La Española hablándole de un lugar llamado Cibao que, cómo no, Colón decidió que, esa vez sí, sería su añorada Cipango.

Con tal certidumbre llegó a aquella isla, que hizo en su diario una serie de anotaciones plagadas de optimismo, a pesar de los comentarios que había oído de que los indígenas allí eran caníbales:

> Dize que quería ver aquel entremedio d'estas dos islas, por ver la isla Española, qu'es la más hermosa cosa del mundo, y porque, según le dezían los indios que traía, por allí se avía de ir a la isla de Baneque, los cuales le dezían que era isla muy grande y de muy grandes montañas y ríos y valles, y dizían que la isla

de Bohío era mayor que la Juana, a que llaman
Cuba, y que no está çercada de agua, y pareçe dar a
entender ser tierra firme, qu'es aquí detrás d'esta
Española, a que ellos llaman Caritaba, y que es cosa
infinita, y cuasi traen razón qu'ellos sean trabajados
de gente astuta, porque todas estas islas biven con
gran miedo de los de Caniba, «y así torno a dezir
como otras vezes dixe», dize él, «que Caniba no es
otra cosa sino la gente del Gran Can, que deve ser
aquí muy vezino; y terná navíos y vernán a captivar-
los, y como no buelven, creen que se los [han] comido. Cada día entendemos más a estos indios y ellos a
nosotros, puesto que muchas vezes hayan entendido
uno por otro», dize el Almirante.

Afortunadamente, los caníbales, que existían realmente, habitaban otras islas de las Antillas Menores, y
no aquella en la que habían recalado los españoles, en
la que, como en Cuba, no fue sencillo contactar con los
indígenas. Un encuentro casual, en el que capturaron a
una mujer que luego fue liberada con regalos para que
hiciera de mensajera, facilitó esta labor.

Hablaba Colón de los bellos paisajes y de los hermosos hombres y las hermosas mujeres de esta isla, que
describía tan blancos que si llevaran ropa serían como los
españoles. Y es que le sorprendía realmente haber encontrado en las Indias gentes con ese color de piel cuando él
esperaba negros, como los africanos, y no a esos hombres
que tanto se parecían a los guanches de Canarias. Tampoco dejó de sorprenderle que fueran tan pacíficos, incluso los llamaba cobardes, no aptos para usar armas, pues
ni siquiera las conocían, salvo si llamamos por ese nombre a unas discretas lanzas. Soñaba el almirante con ves-
tirlos y darles viviendas como las occidentales, así como
las costumbres y, por supuesto, la religión, tras lo que
estarían listos para trabajar dócilmente.

Precisamente en Haití se encontró Colón con que
no todos los indígenas eran tan pacíficos. Si bien fueron

acogidos calurosamente por los haitianos como visitantes, como huéspedes temporales, el espíritu combativo de aquellos hombres sólo tenía que ser provocado para salir a la luz. No hubo incidentes en aquellos días y sí muchos presentes para los españoles, como una gran pieza de oro que el jefe de una tribu entregó al almirante.

En esta ocasión, antes de que Colón enviara una misión diplomática, el cacique Guacanagarix se le adelantó y envió a su encuentro a varios hombres cargados de regalos. Los dos personajes se entrevistaron por primera vez el 22 de diciembre en la bahía de Alcul, y allí nuestro personaje volvió a oír noticias sobre el oro que podría encontrar en las regiones de Guarionex, Macorix, Mayonix, Fuma, Cibao y Coroay. Describió Colón a su anfitrión como un hombre de buen linaje por sus buenas maneras, incluso por su finura en la mesa, y agradecido porque le recibió vestido con la camisa y los guantes con que el púdico genovés le había obsequiado.

El oro con que fue agasajado, una vez más, en esa reunión –además de papagayos y frutas–, sumado al que no hacían más que prometerle todos los indígenas que se cruzaban en su camino, hacían pensar al genovés que aquella gente era muy generosa y hospitalaria, y así se lo quería hacer saber a los reyes, por lo que les escribía continuamente notas en su diario acerca de esa bondad de los que, sin aún saberlo ellos, eran sus nuevos súbditos.

El hundimiento de la *Santa María*

Colón tenía la intención de emprender el regreso a Castilla hacia el mes de abril, pero los planes cambiaron después de la Navidad de 1492. Quizá fue que la celebración, tan lejos de su tierra, hizo mella en los hombres, que no dudaron en beber cuanto les entró en el cuerpo para, a su modo, conmemorar una fecha tan familiar. Colón atribuyó sin embargo al cansancio de los hombres el episodio que sigue. El propio Juan de la Cosa, más bebido o cansado de la cuenta, dejó a un grumete a cargo de la *Santa María* y se fue a dormir. No está claro si por sueño o por impericia, pero lo cierto es que la nao encalló y el joven muchacho no fue capaz de evitarlo.

Los restos de la *Santa María* se emplearon para construir el fuerte La Navidad, donde los hombres que no pudieron regresar debían esperar al regreso de Colón.

El barco quedó inutilizable para la navegación y sus restos fueron empleados para construir un fuerte en tierra firme, la que sería la primera instalación colonial en el nuevo continente. Llamado La Navidad por la fecha del desastre de la *Santa María,* los hombres del cacique Guacanagari prestaron su ayuda para levantarlo, después de colaborar también con diligencia en el desembarco de todos los bienes de la nao. La peor parte la llevaron treinta y nueve de los marineros, que vieron desvanecerse de pronto la cercanía de un ansiado regreso a casa. La falta de espacio de la *Niña* –la *Pinta* aún seguía haciendo su propio viaje–, la más pequeña de las tres naves que habían emprendido aquella aventura, obligó a tomar esa drástica decisión. Al frente quedó Diego de Arana, y de segundo, Pedro Gutiérrez, repostero del rey Fernando. Y es posible que, ante la posibilidad de cargarse de oro, algunos quedaran allí voluntariamente. Colón no temía por aquellos hombres que, como escribió en su diario, podrían sojuzgar la isla ellos solos, y eso que la sobredimensionó y anotó que era, según creía, mayor que Portugal.

Después de dejar a aquellos desafortunados hombres abastecidos de comida, vino y municiones para un año, y con la misión de obtener todo el oro que fueran capaces de reunir, Colón adelantó su regreso a Castilla convencido de que había pisado Cipango. Antes de abandonar El Caribe, su errático rumbo parece indicar que estuvo buscando a Martín Alonso Pinzón para que regresara junto a él. Finalmente, la *Pinta* y la *Niña* se reunieron el 6 de enero, y Pinzón se apresuró a disculparse ante su comandante, que lo recibió con frialdad y en su relato diario no dejó de atacarlo. Así lo reflejó:

> Vino Martín Alonso Pinçón a la caravela *Niña,* donde iva el Almirante, a se escusar diziendo que se avía partido d'él contra su voluntad, dando razones para ello. Pero el Almirante dize que eran falsas todas, y que con mucha sobervia y cudiçia se avía apartado aquella noche que se apartó d'él, y que no sabía, dize el Almirante, de dónde le oviese venido las sobervias y deshonestidad que avía usado con él aquel viaje, las cuales quiso el Almi-

rante dissimular, por no dar lugar a las malas obras de Sathanás, que deseava impedir aquel viaje, como hasta entonçes avía hecho, sino que por dicho de un indio de los qu'el Almirante le avía encomendado con otros que lleva en su caravela, el cual le avía dicho que en una isla que se llamava Baneque avía mucho oro, y como tenía el navío sotil y ligero, se quiso apartar y ir por sí, dexando al Almirante. Pero el Almirante quísose detener y costear la isla Ioana y la Española, pues todo era un camino del Leste. Después que Martín Alonso fue a la isla Baneque diz que y no halló nada de oro, se vino a la costa de la Española, por informaçión de otros indios que le dixeron aver en aquella isla Española, que los indios llamavan Bohío, mucha cantidad de oro y muchas minas; y por esta causa llegó cerca de la villa de La Navidad obra de quinze leguas, y avía entonçes más de veinte días; por lo cual parece que fueron verdad las nuevas que los indios davan, por las cuales enbió el rey Guacanagari la canoa, y el Almirante al marinero, y devía de ser ida, cuando la canoa llegó. Y dize aquí el Almirante que resgató la caravela mucho oro, que por un cabo de agujeta le davan buenos pedaços de oro del tamaño de dos dedos y a veces como la mano, y llevava el Martín Alonso la mitad y la otra mitad se repartía por la gente. Añade el Almirante, diziendo a los Reyes: «Así que, Señores Príncipes, que yo cognozco que milagrosamente mandó quedar allí aquella nao Nuestro Señor, porqu'es el mejor lugar de toda la isla para hazer el assiento y más açerca de las minas del oro».

Tras oír las explicaciones del onubense, Colón rechazó los novecientos pesos de oro que este le ofreció, anuló la ocupación de un valle que había descubierto y volvió a dejar sin nombre el nuevo río que Pinzón había bautizado como Martín Alonso. No conforme con esto, liberó a los indios —cuatro hombres y dos mujeres— que el supuesto traidor había capturado, y decidió regresar a

Castilla tan rápido como fuera posible para «salir de tan mala compañía», en referencia no ya a Martín sino a los tres hermanos Pinzón, a los que se había extendido la mala relación con el primero.

EL ACCIDENTADO REGRESO

En una de sus últimas exploraciones antes de emprender por fin ese camino de regreso, los españoles desembarcaron en otro lugar de La Española, que a partir de entonces pasaría a denominarse la Bahía de las Flechas por el recibimiento que los indios les dieron. Ante su sorpresa, fueron recibidos a flechazos y sólo la superioridad de las armas castellanas los hicieron retirarse. Hernando Colón narró este episodio de un modo diferente, cuando se refiere a la llegada, el 13 de enero, a Cabo Enamorado, en el golfo de Samaná, de esa isla, pues si bien «hallaron en la playa algunos hombres de fiero aspecto, que, con arcos y con saetas, mostraban estar aparejados para guerra, y tener el ánimo alterado y lleno de asombro», añadió que «trabada con ellos conversación, les compraron dos arcos y algunas saetas; con gran dificultad se logró que uno de ellos fuese a la carabela, para hablar con el Almirante». Y fue cuando el encuentro tocaba a su fin que un grupo de cristianos desembarcó en la isla y se encontró con un agrio recibimiento que acabó en un breve intercambio de golpes que mostró la superioridad de las espadas sobre las rudimentarias armas de los nativos.

El 16 de enero de 1493 emprendieron el regreso, para el que Colón prefirió una latitud más al norte que la del viaje de ida. Las dos carabelas pusieron rumbo norte-noroeste en busca de los vientos que les llevaran a Europa, en contra del criterio de los Pinzón, pues Colón pretendía aún encontrar tierras que describían los indígenas que llevaba a bordo, mientras que ellos, una vez decidida la vuelta a casa, mostraban cada vez mayor impaciencia. Las anotaciones de su diario, tan prolíficas en descripciones y narraciones hasta el mínimo detalle durante las exploraciones, volvieron a menguar cuando el día a día empezó de nuevo a convertirse en la monótona rutina de la navegación.

Este viaje no sería tan placentero como el de ida, pues en él se encontraron con el tiempo frío y tempestuoso que anteriormente les había dado tregua. El 12 de febrero encontraron la mar brava y una fuerte tormenta. Estaban en el centro de una fuerte borrasca que llevaba los vientos unas veces en una dirección, otras en la contraria, y lo mismo hacía con las olas, que incluso chocaban entre sí provocando el temor de los hombres, cuya única opción consistía en recoger las velas y esperar a que amainase el temporal. Así fue, pero a los dos días, el 14, la *Pinta* y la *Niña* se perdieron de vista después de una larga noche en que, ante el patente alejamiento de ambas carabelas, no cesaron de hacerse señales con faroles para tratar de mantenerlas unidas.

UN EXTRAÑO RECIBIMIENTO

El primero que tocó tierra, el 18 de febrero, fue Colón con la *Niña,* que rozaba casi el milagro después de haber sobrevivido sin lastre a la tormenta. Desde que el día 15 avistaron la isla de Santa María, la más meridional de las Azores, hasta que lograron atracar, el peligro de hundimiento fue constante. Tanto fue el temor de no lograrlo, que la tripulación prometió sucesivamente hasta un total de tres peregrinaciones de agradecimiento a la virgen. La isla a la que llegaron, al norte de las Azores, pertenecía al rey de Portugal, y aquí ocurrió otro de los episodios extraños de la biografía de Cristóbal Colón.

Bien acogidos por las autoridades cuando tocaron puerto, los españoles recibieron incluso gallinas y pan fresco para reponerse del duro viaje, pero al poco la mitad de ellos fueron apresados cuando desembarcaron para acudir a una ermita a agradecer a la virgen el feliz desenlace de la tormenta. Su posible procedencia de Guinea, cuyo tráfico era monopolio de Portugal, y una supuesta orden de Juan II de tomar a Cristóbal Colón están entre las razones que ayudarían a explicar este episodio. El almirante, por supuesto, se negó a entregarse e hizo uso, por primera vez, de las prerrogativas que le habían concedido los Reyes Católicos. Presentándose ante el capitán de la isla, Juan de Castañeda, como almirante del mar océano y virrey de las Indias, cuya propiedad atribuyó a Isabel y a Fernando, lo amenazó con un severo castigo si sus hombres no regresaban a la *Niña*. El portugués, lejos de arredrarse, respondió con tal desprecio hacia los reyes españoles que Colón llegó a pensar, como anotaría en su diario, que quizás en su ausencia se había declarado una guerra entre las dos potencias.

El 24 de febrero logró al fin que sus hombres fueran liberados y emprendió el camino hacia Castilla, sin haber logrado recuperar el lastre para su nave, y quiso irónico el clima de esa época del año que el 3 de marzo una nueva tormenta, aún peor que la anterior, lo arrastrara hasta la costa portuguesa continental. Allí, cuando reconoció la Roca de Sintra, decidió dirigirse a la cercana desembocadura del Tajo, donde encontraría resguardo. Así fue como llegó a Cascais, en las cercanías de Lisboa. De aquella escala no podía salir tan rápidamente, máxime cuando el rey, al que se dirigió por carta para darle a conocer de primera mano su presencia en aquellas tierras, dio instrucciones de que se le recibiese con todos los honores de su rango y se le entregase lo que necesitase.

Este grabado muestra la respuesta de Colón a un grupo de
nobles que después de su regreso restaron valor a su hazaña
aduciendo que, de no haber sido él, otros lo habrían hecho.
El descubridor dio un pequeño golpe a un huevo y a
continuación lo colocó en posición vertical, dando a
entender a los presentes que una vez conocido el truco
cualquiera puede repetirlo y pensar que es sencillo.

El día 9 don Juan recibió a Cristóbal Colón, y por
vez primera le permitió sentarse en su presencia, como
le correspondía a la nueva categoría que asimismo le reconoció, cual grande de España. Sin dejar de agasajar al
almirante, el monarca luso le explicó sus dudas, basa-
das en el Tratado de Alcaçovas, sobre la legitimidad de
las nuevas posesiones de Isabel y Fernando. Muy diplomático, Colón supo eludir la cuestión alegando su desconocimiento sobre esos asuntos. Y a decir del cronista
portugués Rui de Pina, salió airoso de una conspiración
mucho más peligrosa, urdida por varios cortesanos que
idearon asesinar a Colón vistiendo el episodio de arrebato

de patriotismo de uno de ellos frente a la arrogancia del genovés ante su rey.

Tras unos días en la corte portuguesa, el rey Juan le propuso ir a Castilla por tierra, pero Colón prefirió embarcarse y poner rumbo al puerto de Palos. Así lo hizo, partiendo el 13 de marzo para llegar a su destino dos días más tarde. Tan sólo unas horas más tarde que la *Niña*, la *Pinta* arribó a la localidad onubense. Esta carabela había llegado al puerto de Bayona, en Galicia, a finales de febrero, y Martín Alonso Pinzón había escrito a los reyes para ponerse a su disposición y darles relación del viaje, pero lo que estos le ordenaron fue que se reuniera con su almirante y junto a él se presentara ante ellos.

El alboroto que se montó en el puerto de Palos fue acorde a la alegría por el regreso de tan extraña misión. Sólo las familias de los hombres que hubieron de quedarse en el fuerte La Navidad tuvieron que pasar por aquel amargo trago, únicamente endulzado por las buenas noticias sobre el estado de todos los viajeros. Los tripulantes, crecidos por la expectación que despertaban y por la alegría de estar de vuelta con los suyos, relataban fantásticas historias sobre las tierras descubiertas, y mostraban a los incrédulos el oro, los papagayos y otras especies animales y vegetales que traían consigo, además de los indígenas que Colón había capturado para dar a conocer a los reyes el aspecto de sus nuevos súbditos.

Los curiosos, que llegaban de las localidades colindantes, abarrotaron en los siguientes días el Monasterio de la Rábida y hasta la casa de Martín Alonso Pinzón, ansiosos por hablar con aquellos hombres que habían cruzado el océano, queriendo oír sus relatos y ver lo que del otro extremo habían traído. Pero el mayor de los Pinzón no estaba en condiciones de recibir a nadie ni de disfrutar de aquel momento de gloria.

Gravemente enfermo, posiblemente de sífilis, la otra «especie» que habrían traído los españoles del Nuevo Mundo, moriría antes de un mes, sin llegar a presentarse ante los reyes.

La sífilis, el primer producto importado de América

La enfermedad de Martín Alonso Pinzón hace pensar en uno de los capítulos menos tratados del primer viaje colombino: los encuentros sexuales. La religiosidad y el pudor de Colón son seguramente la razón de que su diario no haya dejado noticias a este respecto, a pesar de que la sífilis, una enfermedad venérea, da fe de que esos contactos existieron, y no fue Pinzón el único que la contrajo. La gravedad de Pinzón contribuyó a un nuevo acercamiento de Colón, quizá porque dejó de ver en él a un rival peligroso; lo cierto es que hasta que el almirante dejó Palos, visitó con frecuencia a su segundo.

Colón no tardó en escribir a los Reyes Católicos adelantándoles las nuevas sobre sus viajes. Eufórico por el éxito de su misión, seguía haciendo conjeturas sobre la cercanía de unos reinos, los del Gran Khan, que no había logrado hallar, y hablaba de la abundancia de oro y tierras fértiles. Los reyes, que estaban en Barcelona, le respondieron con una carta que desde su encabezamiento llenó de orgullo al descubridor, que la recibió en Sevilla a primeros de abril. Nada menos que lo llamaban «Don Cristóbal Colón, nuestro almirante del Mar Océano, Visorey y Gobernador de las islas que se han descubierto en las Indias». A continuación, le indicaban que comenzara a preparar un segundo viaje y que dejara encargo de que todo se fuera preparando mientras él iba a verles a Barcelona:

Y porque queremos que lo que habeis comenzado con la ayuda de Dios se continúe y se lleve adelante, y deseamos que vuestra venida fuese luego: por ende, por servicio nuestro, que dedes la mayor prisa que pudieredes en vuestra venida, porque con tiempo se provea todo lo que es menester, y porque como vedes, el verano es entrado, y no se pase el tiempo para la ida allá, ved si algo se puede aderezar en Sevilla o en otras partes para vuestra tornada a la tierra que habeis; y escribidnos luego con ese correo que ha de volver presto porque luego se provea como se haga, en tanto que acá vos venis y tornais: de manera que cuando volvieredes de acá, esté todo aparejado.

Tenían mucha prisa los reyes ahora, pues conocían las intenciones del rey portugués y, de hecho, ellos mismos habían iniciado los trámites diplomáticos para que el papa Alejandro VI les reconociera sus derechos sobre el Nuevo Mundo. Así que Colón partió por tierra hacia Barcelona, pues aunque él pretendía entrar triunfalmente por mar, los reyes no se lo permitieron. El amplio séquito que lo acompañó en su viaje, en el que destacaban los seis indígenas que habían sobrevivido a la travesía, tomó entonces el camino de Córdoba, donde el triunfal marino se reencontró con su amante y sus dos hijos, a los que sin embargo no recogió para llevarlos a comenzar su nuevo cometido en la corte como pajes del príncipe de Asturias; seguramente esperaba antes que los reyes le confirmasen aquel compromiso. Luego continuó su camino por Murcia, Valencia y Tarragona.

Cada parada en una nueva ciudad o pueblo iba acompañada de los honores que el almirante estaba estrenando, los que merecía alguien de su rango. A mediados de abril, por fin, entró en Barcelona, donde el recibimiento fue aún más abrumador que todos los precedentes. Toda la ciudad salió a ver aquella triunfal procesión encabezada por un hombre que había descubierto nuevas tierras al otro lado del océano y se hacía acompañar de unos extraños hombres traídos de ultramar y engalanados con ornamentos de oro.

La esperada recompensa

Colón muestra a los Reyes Católicos, en Barcelona, lo que ha traído de su primer viaje a las Indias, en un cuadro de Juan Cordero del siglo XIX.

A su llegada ante los reyes, estos lo recibieron acompañados de un grupo de nobles «sentados públicamente, con toda majestad y grandeza, en un riquísimo trono, bajo un dosel de brocado de oro» –narra Hernando Colón– e hicieron traer una silla en la que le permitieron sentarse, un honor nada común en aquella época: «Cuando fue a besarles las manos se levantaron, como a gran señor, le pusieron dificultad en darle la mano, y le hicieron sentarse a su lado». Allí le concedieron el uso de un escudo en cuyos cuarteles figurarían las armas de Castilla y León, unas islas doradas –recuerdo de la gran hazaña– y la banda azul sobre fondo dorado que su familia había usado tradicionalmente como emblema. Este escudo, junto a la confirmación de los privilegios concedidos en las Capitulaciones de Santa Fe, dio a Colón una condición nobiliaria que se hizo extensiva a sus hermanos Bartolomé y Diego.

No conforme, el ambicioso marino logró obtener también la renta de diez mil maravedíes que los reyes habían prometido al que primero viese tierra allende el océano, y se la traspasó a Beatriz Enríquez de Arana, la madre de su hijo Hernando. Los indios que lo acompañaban, por su parte, fueron bautizados en una ceremonia en la que los propios reyes actuaron de padrinos. Ahora quedaban pendientes los preparativos para una segunda expedición, mientras los reyes, en el terreno diplomático, harían lo posible por legitimar la posesión de aquellas tierras.

El Tratado de Alcaçovas se había convertido en un documento obsoleto, o al menos eso pretendían demostrar Isabel y Fernando ante el papa Alejandro VI para arrancarle una bula que acabara con las pretensiones de Juan II de Portugal sobre las tierras que bajo mandato castellano-aragonés habían sido descubiertas y asimiladas. La primera victoria para los monarcas españoles no tardó en llegar. El 3 de mayo de 1493 el sumo pontífice firmó la bula *Inter caetera,* por la que concedía a los Reyes Católicos las Indias descubiertas o que se descubrieran en un futuro. Un día después firmaría una nueva bula en la que corregía la anterior dividiendo las tierras descubiertas y las que aún no lo habían sido entre Castilla y Aragón, por un lado, y Portugal, por el otro. Ante tan grato resultado, los reyes confirmaron el 28 de mayo todos los privilegios que se habían otorgado a Cristóbal Colón.

En la última bula, las islas y territorios situados a cien leguas al oeste de las islas portuguesas de Azores y Cabo Verde eran concedidas a Isabel y a Fernando. Juan II no se conformó ante una división que le hacía perder los beneficios concedidos anteriormente por los papas Martín V (1418) y Calixto III (1456), y en su tira y afloja con los monarcas españoles amagó el envío de una flota a las Indias.

El 26 de septiembre de 1493 Alejandro VI firmó una nueva bula, *Dudum siquidem,* por la que concedió a los Reyes Católicos todas las islas y tierras que no hubieran sido previamente descubiertas y conquistadas por otros monarcas cristianos. Este duro mazazo a las pretensiones del portugués le obligó a negociar directamente con Isabel y Fernando la demarcación de unas zonas de influencia para cada uno. De esta negociación directa fue fruto el Tratado de Tordesillas, firmado el 7 de junio de 1494 en aquella importante ciudad vallisoletana, que contaba entonces unos cuatro mil quinientos habitantes. Este tratado dio por buena la letra de la bula *Inter caetera,* con la salvedad de que la línea de demarcación pasó de cien a trescientas setenta leguas al oeste de las islas de Cabo Verde, una corrección que satisfizo las pretensiones de Juan II y que se acabaría materializando con la colonización del Brasil. El resto, un continente entero, quedaría para los reyes españoles, los que habían decidido, finalmente, patrocinar la expedición de un marino loco y sumamente ambicioso conocido por el nombre de Cristóbal Colón.

6

Segunda expedición

LOS PREPARATIVOS DE LA COLONIZACIÓN

El éxito del primer viaje de Cristóbal Colón le había procurado las mercedes establecidas en las Capitulaciones de Santa Fe, además de un escudo que incluía los símbolos reales del león y el castillo, una renta de mil doblas de oro y el derecho de alojarse junto a cinco criados allá donde fuese, pagando sólo por la comida. En cuanto al segundo viaje que pronto iniciaría, fue nombrado capitán general de la flota.

La segunda expedición se organizó a toda prisa para evitar interferencias extranjeras, especialmente portuguesas, que pudieran deslegitimar la soberanía de los Reyes Católicos sobre las tierras recién descubiertas. Ya antes de que Colón llegara a Barcelona, el embajador español en Lisboa había informado a los reyes de que Juan II de Portugal estaba preparando una flota que probablemente pretendía viajar también a las Indias

El escudo fue una de las recompensas otorgadas
por los Reyes Católicos a Colón para agradecerle
su descubrimiento.

occidentales. A diferencia del primer viaje, esta vez la
expedición española no se limitó a las tres naves de
escaso coste que se enviaron ante la falta de garantía
sobre el éxito de la misión. Ahora, además de buscar
nuevas tierras y oro, los viajeros tenían la misión de colo-
nizar las ya descubiertas y, especialmente, convertir a los
indígenas al cristianismo. El establecimiento del comercio con los indígenas a partir de las mercancías enviadas
desde España era el segundo objetivo señalado.

En esta ocasión, además, los reyes no delegaron en
Colón la organización, sino que la mantuvieron para
la Corona en la persona de Juan Rodríguez de Fonseca,

arcediano de Sevilla, muy preparado para esta labor a juzgar por la descripción que de él hizo fray Bartolomé de las Casas:

> Don Juan de Fonseca, aunque eclesiástico y arcediano, y después de este encargo que le dieron los Reyes de las Indias, fue obispo de Badajoz y Palencia, y, al cabo, de Burgos, en el cual murió, era muy capaz para mundanos negocios, señaladamente para congregar gente de guerra para armadas por el mar, que era más oficio de vizcaíno, que de obispos, por lo cual siempre los Reyes le encomendaron las armadas que por la mar hicieron mientras vivieron.

Colón no quedaría muy contento de su labor, y tuvo algunos roces con él, entre otras cosas porque no le quería asignar los cinco criados que él consideraba que debían acompañarle, según le habían concedido los reyes.

Ante la insuficiencia del puerto de Palos para esta nueva expedición, más amplia y con un presupuesto mucho más generoso, se optó por partir del puerto de Cádiz, que los reyes habían expropiado poco antes a la familia Ponce de León. Los preparativos se retrasaron debido a problemas como la adulteración del vino embarcado y la venta de caballos enfermos. Escribió De las Casas que finalmente los barcos fueron cargados de

> [...] artillería y armas, de bastimento, de bizcocho, de vino, de trigo, de harina, de aceite, de vinagre, de quesos, de todas las semillas, de herramientas, de yeguas y algunos caballos, y otras muchas cosas de las que acá [en las Indias] podían multiplicar y los que venían aprovecharse... Traían muchas arcas de rescate y mercaderías, para dar a los indios, graciosas, de partes de los Reyes, y para conmutar o trocar que llaman rescatar por oro y otras riquezas de lo que los indios tuviesen.

Colón partió de Barcelona en dirección a Sevilla en junio, pero antes pasó por Guadalupe para cumplir su promesa de visitar a la Virgen, hecha durante las fuertes tormentas que a punto habían estado de malograrlo unos meses antes. Luego pasó por Córdoba para ver a su amante y a sus dos hijos, y se llevó a estos a Cádiz para tener su compañía hasta la partida. Sería Bartolomé, el hermano mediano de Colón, quien recogiera poco después a sus sobrinos de Córdoba para llevarlos a la corte, donde servirían como pajes del príncipe Juan. Bartolomé no llegó a tiempo de embarcarse en este segundo viaje, pues llegó tarde de Francia, adonde había acudido a proponer a su rey el proyecto colombino; el propio rey fue quien le informó del éxito de su hermano con patrocinio castellano. El hermano pequeño de Colón, Diego, sí acompañó al almirante en este segundo viaje, y Bartolomé se les uniría más adelante en las Indias, adonde viajó con otra flota.

UN VIAJE SIN INCIDENTES

El 25 de septiembre de 1493, con grandes honores, incluida la escolta de galeras venecianas en la salida del puerto, diecisiete navíos tripulados por cerca de mil quinientos hombres partieron de Cádiz en dirección a la isla La Española, donde había quedado establecido el fuerte La Navidad a cargo de treinta y nueve hombres. Entre los barcos había cinco naos y doce carabelas, algunas de ellas de bajo calado, especialmente preparadas para la exploración de costas y ríos, conocidas como cantábricas. Viajaban además marinos experimentados, entre los que repetía el cartógrafo Juan de la Cosa y se encontraban los futuros descubridores Alonso de Ojeda y Ponce de León, además del padre y de un tío de Bartolomé de las Casas. También, numerosos oficiales, soldados, funcionarios

públicos, hidalgos, pajes, escuderos, campesinos, religiosos... Y junto a las tripulaciones, cerca de doscientos
nobles embarcaron en busca de fortuna. Hombres en su
inmensa mayoría, participaron en una expedición sin
precedentes que buscaba crear una colonia en un mundo
nuevo más allá del mar conocido.

Este viaje fue más corto que el anterior. Igual que
en la primera ocasión, hicieron una parada en las islas
Canarias para abastecerse de agua y alimentos; llegaron
el 2 de octubre a Gran Canaria y el 5 a La Gomera, y
reemprendieron la expedición desde El Hierro el 13 de
octubre (Hernando Colón dice que fue el 7 de octubre
y desde La Gomera), con rumbo más al sur para no
perder los alisios y evitar las calmas del mar de los Sargazos. En tan sólo veintiún días atravesaron el océano
en la que ha resultado ser la ruta más corta para este fin.

El almirante había entregado a cada navío un plie-
go cerrado y sellado que cada capitán debía abrir únicamente si su nave se perdía de la expedición a causa del
viento; contenía las indicaciones para navegar hasta el
fuerte La Navidad, y no fue necesario su uso. En esta
ocasión no vieron «la hierba que en el primer viaje
habían encontrado a 250 leguas» y que les había hecho
creer prematuramente en la cercanía de la tierra buscada.

Antes de llegar a La Española descubrieron nuevas islas de las que Colón fue solemnemente tomando
posesión en representación de los reyes, islas que, colo-
nizadas por los franceses en el siglo XVII, conservan hoy
sus nombres en el idioma galo. El 3 de noviembre llegaron a Dominica –donde no desembarcaron por no
hallar un lugar donde fondear– y vieron las Pequeñas
Antillas. Luego llegaron a María Galante, Guadalupe y
Deseada. María Galante, que encontraron desierta, fue
bautizada con el nombre que tenía el barco del almirante antes de la partida de Castilla. Como en todos sus
viajes a América, había cambiado el nombre a la nave

Escenas de
canibalismo en
grabados de
Theodore de Bry.

capitana para llamarla *Santa María*. Sí encontraron habitantes en Santa María de Guadalupe, nombrada así «por devoción y a ruego de los monjes del convento de aquella advocación, a los que había prometido dar a una isla el nombre de su monasterio», según explica su hijo Hernando. Se encontraron allí con unos indígenas muy diferentes de los ya conocidos, y mucho más beligerantes: los canibas o caribes, de los que tanto habían oído hablar en el primer viaje pero que apenas habían visto antes. Conocieron sus costumbres por el testimonio de algunos prisioneros liberados, y supieron, entre otras cosas, que solían castrar a los hombres para que engordaran antes de comérselos, y que a las embarazadas las cuidaban con mimo porque consideraban a los recién nacidos un manjar exquisito.

PRIMER ENCUENTRO CON LOS CANÍBALES

Dejó escrito Hernando Colón que el 5 de noviembre «el Almirante mandó dos barcas a tierra para ver si podían tomar alguna persona que le diese noticias del país y le informase de la distancia y dirección a que estaba La Española». Los nativos que sus emisarios trajeron no eran caribes sino cautivos de estos, que explicaron que habían sido hechos prisioneros en su propia isla, de la que dieron detalles a Colón. También rescataron a seis mujeres y, tras devolverlas a tierra «para tranquilizar la gente de la isla» y ver el trato que recibían, finalmente se las llevaron; supieron entonces que los caribes se habían comido a sus maridos e hijos, y que a ellas las tenían como esclavas. Una de ellas informó de la situación de numerosas islas al sur de aquella, y también dio las indicaciones para llegar a La Española.

En su primer encuentro con los caribes, los españoles no vieron sino cómo huían tierra adentro al ver las naves españolas. Una avanzadilla de diez hombres fue enviada por Colón para establecer contacto con aquellos indígenas, y ninguno de ellos regresó de la espesura del bosque. Cuando un grupo mucho más numeroso, de unos doscientos hombres, acudió en su busca, sólo pudieron dar fe de las costumbres antropofágicas de los canibas: cráneos que hacían de recipientes e incluso una pierna humana cociéndose les hicieron temer por la avanzadilla, que sin embargo apareció más tarde en la playa, desorientada por aquellas densas arboledas.

El capitán Ojeda, que se había internado en la isla en busca del grupo perdido —con cuarenta hombres y no doscientos, según Hernando Colón, que lo narró a partir de las notas que dejó su padre—, siguiendo las instrucciones de Colón para que «se enterase de los secretos del país», dio cuenta de haber hallado «maíz, lignáloe [aloe], sándalo, jengibre, incienso y algunos árboles que, en el sabor y en el olor, parecían de canela; mucho algodón y halcones; vieron que dos de estos cazaban y perseguían a otras aves; e igualmente vieron milanos, garzas reales, cornejas, palomas, tórtolas, perdices, ocas y ruiseñores». También aseguró haber atravesado un total de veintiséis ríos, algunos de ellos con el agua por la cintura, pero Hernando añade a este punto: «Aunque yo creo más bien que, por la aspereza de la tierra, no hicieron más que pasar un mismo río muchas veces».

El 10 de noviembre continuaron su camino y descubrieron la isla de Santa María de Montserrat, que había quedado despoblada por la acción de los caribes, que se habrían comido a todos sus habitantes. También llegaron a Santa María la Redonda, Santa María la Antigua y San Martín, donde fondearon y hallaron «pedazos de coral pegados en las puntas de las áncoras, por lo que esperaban hallar otras cosas útiles en aquellas tierras». En San Cristóbal, San Eustaquio y Saba no

Colón apresaba siempre a algún indio para que le hiciera de guía e intérprete en sus viajes de exploración.

dejaron rastro de su paso —tenía prisa Cristóbal Colón «por ir en socorro de los que había dejado en La Española»—, lo que facilitó que años después holandeses, ingleses y franceses se apropiaran de ellas. El 14 de noviembre volvieron a fondear y, como era habitual, para saber dónde estaban, Colón envió a un grupo a tierra que apresara a algún indígena que les diera cuenta de su situación. Un grupo de nativos los atacó con sus flechas en Santa Cruz, donde pretendían recoger agua dulce, y antes de reducirlos murió uno de los españoles. Más tarde descubrieron Santa Úrsula y las que denominaron las Once Mil Vírgenes, que aún hoy mantienen el nombre de islas Vírgenes. El día 19 llegaron a la actual Puerto Rico, que bautizaron San Juan Bautista. Allí, cuenta Hernando Colón:

> [...] fondeó la armada, y cogieron muchas variedades de peces, como caballos, lenguados, sardinas y sábalos; vieron halcones, y vides silvestres.
> Fueron algunos cristianos, al Oriente, a ciertas casas bien fabricadas, según costumbre de los indios, las

cuales tenían la plaza y la salida hacia el mar; una calle muy ancha con torres de cañas a los dos lados; y lo alto estaba tejido con bellísimas labores de verdura, como los jardines de Valencia. A lo último, hacia el mar, había un tablado en el que podían estar diez o doce personas, alto y bien labrado.

Tres días después, llegaron a La Española.

El desastre de La Navidad

El 22 de noviembre, en la península de Samaná, al norte de La Española, desembarcó uno de los indios que habían acompañado a Colón a España, «natural de aquella provincia», que una vez convertido al cristianismo regresaba a su tierra para llevar la nueva religión a los suyos. El día 27 la expedición acampó cerca del fuerte La Navidad, y ya temieron lo peor cuando descubrieron dos cadáveres descompuestos, «uno que parecía joven y el otro viejo, que tenía una cuerda de esparto al cuello, extendidos los brazos y atadas las manos a un madero en forma de cruz». La barba de uno de ellos les hizo sospechar que era español. Además, las salvas de aviso no tuvieron respuesta. Por su parte, los indios del cacique Guacanagarix que les hicieron llegar regalos de éste acabaron explicando que todos habían fallecido. Hernando Colón indica que contestaron con evasivas a las preguntas del almirante: «Respondieron que algunos de ellos habían muerto de enfermedad; otros se habían apartado de la compañía; otros se habían ido a distintos países, y que todos tenían cuatro o cinco mujeres. Por esto que dijeron, se conocía que todos debían ser muertos, o la mayor parte».

Cuando encontraron el fuerte La Navidad, efectivamente había sido destruido por los indios, que habían acabado con todos sus moradores. No halló Colón oro en el pozo donde les había ordenado que lo fueran almacenando hasta su regreso, y sí once cadáveres que dedujo que eran de los suyos por las ropas, y que calculó que llevaban muertos un mes. Parece que los hombres se habían rebelado contra la autoridad de Diego de Arana, cuyo único mérito para quedar al mando era ser primo de Beatriz Enríquez, amante de Colón, y cuya capacidad de mando se había mostrado tan ineficiente como resultó ser, según veremos más tarde, la de los Colón, del mayor al más joven de ellos. La anarquía de los primeros colonos, dispuestos a acumular oro y conquistar a las indígenas, habría derivado en una respuesta airada de los nativos contra ellos. Según les explicó más tarde el hermano del cacique Guacanagarix, los cristianos habían muerto a manos de otro cacique, Caonabó, y el propio Guacanagarix había sido herido cuando trató de defenderlos. Por eso no había podido ir personalmente a recibir al almirante y pedía que lo visitara. Así lo hizo Colón, que comprobó además que la herida del indio era por flecha y no por arma cristiana.

A pesar de estos antecedentes, la mayor parte de la expedición quedó establecida en la misma isla, la que hoy se reparte entre Haití y la República Dominicana. No era una elección a la ligera, ya que era la única de todas las conocidas hasta el momento en que se había encontrado oro. Colón no vengó a sus hombres, ni siquiera escarmentó a Guacanagarix, de cuya complicidad con Caonabó siguió teniendo sospechas, sino que volvió a embarcar, el 7 de diciembre, y se dirigió al norte de la isla, donde fundó la villa La Isabela en honor a la reina de Castilla. El lugar era «un llano junto a una peña en la que segura y cómodamente se podía construir una fortaleza», supuestamente cercano a las minas de oro, por lo que «muchos juzgaron bueno su sitio, porque el puerto era muy grande, aunque descubierto al Noroeste, y tenía un hermosísimo río, tan ancho como un tiro de ballesta, del que se podían sacar canales que pasaran por medio de la villa; además, se extendía cerca una muy ancha vega». En realidad, como se desvelaría con el tiempo, el lugar escogido, con un mal puerto y alejado del agua dulce, no fue precisamente un acierto de Colón.

Las primeras construcciones en La Isabela fueron una iglesia, dos edificios para vivienda de los oficiales y almacén y una casa para el almirante. Luego los hombres levantaron sus propias viviendas. Una epidemia, quizá debida al exceso de trabajo en un clima muy duro al que no estaban acostumbrados, acompañado de una nutrición muy diferente a la habitual, retrasó estos trabajos. El propio descubridor cayó enfermo y ni siquiera tomó notas en su diario entre el 11 de diciembre y el 14 de marzo. Sí encontró fuerzas para enviar a Alonso de Ojeda al interior de la isla con quince hombres en busca de las minas de oro. Y empezó a plantearse la posibilidad de esclavizar a los caníbales para evangelizarlos. En esos días se preparaba para continuar su exploración por tierra y por mar y decidió dejar a su hermano Diego Colón al mando de La Isabela.

UN MEMORIAL CON MÁS INTENCIONES QUE REALIDADES

Un mes después de enviar a España, el 2 de febrero de 1494, a Antonio de Torres –hermano del aya del príncipe don Juan, en quien tanto el rey como el descubridor tenían mucha confianza– al mando de doce barcos cargados de oro, falsas especias, pájaros exóticos y veintisiete indios –entre ellos, algunos caníbales–, Ojeda regresó con buenas noticias, pues había hallado caciques «de los que había recibido mucha cortesía» y, lo más importante, grandes cantidades de oro que los indios tomaban de los ríos. El 12 de marzo, muy contento, el almirante de la mar océana continuó sus viajes exploratorios por el interior de La Española, en busca de Cibao, no sin antes dejar todas las armas almacenadas en la nave capitana para evitar que nadie se hiciera con ellas para imponer su voluntad. Y es que ya durante su enfermedad algunos hombres, impacientes por conseguir oro y volver ricos a España, habían intentado sublevarse, viendo que aquello no era tan sencillo como lo habían imaginado. En su viaje en busca de Cibao, cuenta Hernando Colón, «cruzó por muchos pueblos de indios, cuyas casas eran redondas y cubiertas de paja, con una puerta pequeña, tanto que para entrar es preciso encorvarse mucho», y le llamó la atención que, incluso en las casas de otros, los indios «cogían lo que querían, y no por esto daban enojo a los dueños, como si todo fuera común».

Antonio de Torres llegó a España con un memorial que le había entregado Colón destinado a los reyes, con el que pretendía hacerles partícipes de cuanto había sucedido hasta entonces en ese segundo viaje. Les contaba primero que en La Española había oro en abundancia, para a continuación excusar que no había enviado mucho por las dificultades geográficas y estratégicas, entre las que incluía la inconveniencia de dejar el fuerte desprotegido:

> Como quier que estos indios se hayan mostrado a los descubridores e se muestran cada día muy simples e sin malicia, con todo, porque cada día vienen acá entre nosotros, non pareció que fuera buen consejo meter a riesgo e a ventura de perderse esta gente e los mantenimientos, lo que un indio con un tizón podría fazer poniendo fuego a las choças, porque de noche e de día siempre van e vienen, e a causa d'ellos tenemos guardas en el campo, mientras la población está avierta e sin defensivo.

Explicaba también que aunque el oro se encontraba en los ríos, no era esta su fuente, sino unas minas desde las cuales el río había arrastrado algunas cantidades. Por eso pedía el envío de mineros o, como él expresó, «labadores [los que separan el oro de la arena en el agua] e de los que andan en las minas allá en Almadén».

El memorial también mencionaba los problemas de salud de los colonos –«las causas de la dolencia tan general de todos es de mudamiento de aguas e aires»–. Explicaba que había suspendido temporalmente las exploraciones en busca de oro para no dejar solos a los enfermos a la merced de

> [...] aquel caçique que llaman Caonabó, que es [h]ombre, según relación de todos, muy malo e muy más atrevido, el cual, viéndonos allá así desbaratados e dolientes, podría emprender lo que non osaría si fuésemos sanos, y con ésto mismo se allega otra dificultad, de traer acá lo que llegásemos de oro, porque o avíamos de traer poco e ir e venir cada día e meterse en el riesgo de las dolencias, o se avía de enbiar con alguna parte de la gente, con el mismo peligro de perderlo.

La misma excusa le servía para explicar por qué Antonio de Torres no había llevado consigo «oro más de las muestras».

Asimismo, rechazaba la calidad de los alimentos autóctonos y anunciaba esperanzador que las tierras eran muy buenas para el cultivo:

> Somos bien ciertos, como la obra lo muestra, que en esta tierra así el trigo como el vino nacen muy bien, pero hase d'esperar el fruto; el cual si tal será como muestra la presteza del nacer del trigo e de algunos poquitos sarmientos que se pusieron, es cierto que non fará mengua de Andaluzía ni Sicilia aquí, ni en las cañas de açúcar, según unas poquitas que se pusieron han prendido.

En el capítulo de peticiones, solicitaba que se enviasen provisiones, especialmente vino, carne y animales, «más fembras que machos», no sólo para alimento sino también «algunas asnas e asnos e yeguas para trabajo e simiente, que acá ninguna d'estas animalias ay de que hombre se pueda ayudar ni valer». Colón se quejaba de las malas artes de los toneleros de Sevilla, pues parece que apenas habían llenado los toneles de vino, o que estos eran defectuosos, a lo que los reyes respondieron enviando a Juan de Fonseca a aclarar la situación con los que, al parecer, «fisieron este engaño en los toneles». Un problema similar ocurrió con los caballos, que según Colón no eran los mismos que vio «en el alarde que fisieron en Sevilla» los escuderos, sino que estos «vendieron los otros e compraron estos» para sacar provecho económico. Y, más aún, aseguraba que, no sin «gran maldad», ocurrió lo mismo con los propios colonos, y que después de pagar a Juan de Soria por su reclutamiento, «por algún interese suyo puso otros en logar de aquellos que yo acá pensava fallar e fallo gente que yo nunca avía visto».

También solicitaba el envío de ropa y conservas «que son fuera de ración e para conservación de la salud» para vender entre los colonos, que lo recibirían «de grado en descuento de su sueldo». E igualmente pedía armas que proponía entregar «a los desarmados», también «en descuento de su sueldo».

Otro de los capítulos del memorial era la propuesta de Colón de enviar indígenas a la Península para esclavizarlos y, de ese modo, enseñarles la lengua y evangelizarlos con más facilidades que en su tierra, pues se quejaba de que allí las dificultades eran mayores y la lengua cambiaba de una isla a otra porque apenas había relación entre unas y otras. Los reyes, sin embargo, alabaron las intenciones de cristianización del almirante pero le sugerían que era mejor hacerlo *in situ,* lo que suponía un rechazo implícito a sus ideas de esclavización. La idea de Colón de compensar la falta de oro con esclavos para sufragar los gastos que los reyes debían hacer para atender a sus solicitudes no tuvo el efecto pretendido. Proponía que los reyes dieran licencia cada año a un número de carabelas que llevaran a los colonos «los ganados e bestias de trabajo para el sostenimiento de la gente que acá ha de estar, e bien de todas estas islas», así como «otros mantenimientos e cosas de poblar el campo e aprovechar la tierra»; como pago, estimaba entregar a los mercantes «esclavos d'estos caníbales, gente tan fiera e dispuesta e bien proporcionada e de muy bien entendimiento, los cuales quitados de aquella inhumanidad creemos que serán mejores que otros ningunos esclavos, la cual luego perderán que sean fuera de su tierra».

Finalmente, el almirante explicaba los nombramientos que había hecho y pedía sueldos para estos y para otros empleados, doscientos de los cuales habían viajado sin sueldo al nuevo mundo y «cierto son necesarios, como dicho tengo, para este comienzo». Un comienzo para el que decía necesitar, al menos, a unos mil hombres.

EL MAL GOBIERNO DE COLÓN

El mal gobierno de Colón, que ya había asomado en el primer viaje al nuevo mundo, se hizo patente en esta ocasión, en que se encontró con las rebeliones continuadas de grupos contrarios a sus decisiones. No confiaba en nadie y esa desconfianza desmedida, unida a unos métodos poco ortodoxos y a la elección para los cargos de gente poco preparada, motivado tan sólo por lazos familiares o de amistad, lo enemistaban cada vez más con los colonos. Los propios reyes habían acogido con disgusto la noticia de los treinta y nueve hombres que habían quedado abandonados en La Española al final del primer viaje. Colón aducía que no cabían en la *Niña,* pero no explicó por qué, después de encontrar la *Pinta* tan cerca de la isla, no regresó a por ellos.

La primera rebelión estuvo a punto de dejar a Colón aislado en La Española. Tras la partida de Antonio de Torres, uno de los pocos hombres fieles a Colón en quien se podían encontrar buenas aptitudes, el contador real Bernal de Pisa trató de hacerse con las cinco naves que habían quedado allí y partir de vuelta hacia España para hacer ver a los reyes la mala gestión de su almirante. Tan receloso como era, Colón tenía espías y uno de ellos le rebeló el plan de Pisa, que fue encarcelado. Ahora no tenía a Pinzón a su lado, como en el primer viaje, pero debió de recordar la recomendación que este le había hecho cuando el motín estaba a punto de estallar, y decidió ahorcar, esta vez sí, al menos a uno de los hombres de Pisa.

Si sus dotes de mando no eran precisamente destacables, las de sus hermanos no eran mucho mejores, pero él prefería delegar en ellos que en otras personas. Así, cuando el 12 de marzo partió hacia el interior de la isla en busca de Cibao, la tierra ya explorada previamente por Ojeda, donde había encontrado oro, dejó al más pequeño, Diego, al mando del fuerte La Isabela –Bartolomé, el mediano, aún no había llegado a las Indias–. Aunque lo dejó acompañado de otros hombres capaces, Diego no estaba preparado para tan gran responsabilidad.

Cuando Cristóbal Colón, acompañado de quinientos hombres, descubrió decepcionado que Cibao no tenía nada que ver con Cipango, sintió el alivio de ver oro en abundancia y mandó levantar una instalación que habría de servir de base para la explotación de aquellas minas. Quedaron en el que fue llamado fuerte de Santo Tomás cincuenta y dos hombres comandados por Pedro Margarit. Unos hombres cuya codicia les llevaría a intentar eludir la entrega del diez por ciento del oro que correspondía a la Corona, lo que llevó a Colón a castigarlos severamente con fuertes azotes e incluso alguna que otra amputación de nariz o de oreja, según el caso.

Apenas dos semanas después, el 29 de marzo, se encontró Colón, a su regreso a La Isabela, con que la comida que habían traído de España, salvo el trigo, se había podrido por el calor. Ante la urgencia, hizo levantar molinos en el río para machacar el trigo y dispuso que todo hombre, cualquiera que fuera su condición, ayudara en esta labor, algo que no gustó a los hidalgos y a gentes acostumbradas a moverse en ambientes palaciegos, ajenos a cualquier trabajo físico. Sobre todo, después de ahorcar a algunos hombres, se enemistó con el padre Boyl, lo que suponía enfrentarse a la Iglesia. A pesar de todo, los españoles tuvieron que recurrir a los tan despreciados alimentos indígenas para sobrevivir. Cuenta Hernando Colón que, mientras, los primeros cultivos que habían hecho los cristianos en La Isabela empezaron a dar sus frutos.

Entre tanto, otra rebelión se estaba cocinando, esta vez por parte de los indios del cacique Caonabó, y cuando Colón supo que estos pretendían atacar el fuerte Santo Tomás, envió a Alonso de Ojeda con cuatrocientos hombres, entre los que se cuidó de incluir a los descontentos. El cambio de actitud de los indígenas les salió muy caro, pues no hubo piedad con ellos.

Los hermanos de Colón

Todos estos problemas mantenían ocupado a Colón en La Española, cuando lo que él ansiaba era volver a la mar y seguir explorando en busca de nuevas tierras. Así lo hizo, después de dejar de nuevo a su hermano Diego al mando del consejo de gobierno de La Isabela, mientras que Ojeda permanecía al mando del destacamento de Santo Tomás.

Bartolomé Colón se unió a sus hermanos en una expedición posterior, tras saber por el rey de Francia que Cristóbal ya había logrado su objetivo.

Diego Colón había viajado desde Cádiz con su hermano Cristóbal, pero Bartolomé llegó más tarde en otra expedición que se unió a la primera. Ocurre que el segundo de los Colón, fiel colaborador de su hermano, se encontraba en Francia cuando se produjo el descubrimiento de América, parece que aún dispuesto a vender el proyecto de navegación hacia occidente al rey francés, tras su fracaso previo ante el monarca inglés. Precisamente fue el monarca francés el que le informó del éxito de Cristóbal, y además le entregó cien ducados de oro para que regresara a Castilla, una actitud muy diferente de la que adoptaría en el futuro. Bartolomé permanecía en Francia cuando el segundo viaje colombino comenzó. Cuando llegó a Castilla, los reyes lo nombraron caballero y lo pusieron al mando de una flota de tres barcos para que se reuniera con sus hermanos en la isla La Española, adonde llegó en junio de 1494.

En el caso de su otro hermano, Diego, que no había pisado Castilla con anterioridad, llegó allí por primera vez después del regreso de Cristóbal de América, y a tiempo de embarcarse junto a él en su segundo viaje. Hermano menor de los tres, con veintisiete años quedó como gobernador interino de la isla, y cuando llegó su hermano Bartolomé, de treinta y tres años, le cedió el cargo. Colón nombraría más adelante a Bartolomé adelantado de las Indias, cargo que no confirmarían los reyes hasta 1497, desautorizando en cierto modo al almirante, que no había presentado la terna comprometida en las Capitulaciones de Santa Fe para que ellos tomaran la decisión final.

Nuevas exploraciones

El 24 de abril Colón partió hacia Cuba con tres carabelas, dispuesto a comprobar si se trataba de una isla o de tierra firme. Allí le hablaron de la abundancia de oro en la isla de Jamaica, adonde se dirigió inmediatamente, y que le pareció, según su hijo Hernando, «la más hermosa de cuantas había visto en las Indias». Los indígenas de aquella isla trataron de impedir su desembarco y conocieron la furia de los cañones españoles y de los perros de caza, tras lo cual se mostraron mucho más dóciles. Colón exploró luego la costa norte de Jamaica y, como no encontró oro, el 14 de mayo regresó a Juana (aún era llamada Cuba sólo por los indígenas).

En esta expedición fueron tantas las pequeñas islas descubiertas, que Colón las bautizó conjuntamente como el Jardín de la Reina. La navegación a través de ellas se hizo harto complicada por el escaso fondo, que muchas veces tocaban las naves con sus quillas. Allí se toparon con una canoa y comprobaron curiosos cómo los indios que iban en ella pescaban: «Tenían atados por la cola, con un hilo delgado, algunos peces que nosotros llamamos revesos [una especie de rémora que vive en los arrecifes], que van al encuentro de los otros peces, y con cierta aspereza que tienen en la cabeza y llega a la mitad del espinazo, se pegan tan fuertemente con el pez más cercano, que, sintiéndolo el indio, tira del hilo y saca al uno y al otro de una vez». A través de estas islas fue rodeando Cuba, que Colón creía que era una península de Catay y no una isla, y allí volvió a oír historias de indígenas que le ilusionaban con falsas esperanzas sobre los reinos descritos por Marco Polo. El 22 de mayo desembarcó en una isla algo mayor que las otras, que bautizó Santa Marta. Volvió a emprender el viaje y trató de demostrar su teoría sobre una Cuba continental, pero el hastío de sus hombres lo hizo desistir, cuando estaba a punto de comprobar su insularidad, ante el peligro de una nueva rebelión. El 12 de junio decidió volver a La Española, no sin antes amenazar a sus hombres con cortar la lengua a aquel que osara negar que Cuba estaba unida al continente, a una tierra que él creía al sureste de China. Idea que mantenía a pesar de que un día antes, según relata su hijo Hernando, un indio le había confirmado su insularidad. Como siempre, hemos de ver con distancia lo que Hernando Colón escribía sobre su padre, pues escribió su biografía tomando ventaja del tiempo transcurrido para corregir o al menos maquillar sus errores. No fue fácil salir del Jardín de la Reina a mar abierto, y una vez allí las corrientes, los vientos alisios y las tormentas se sucedían para dificultar la navegación hacia el este.

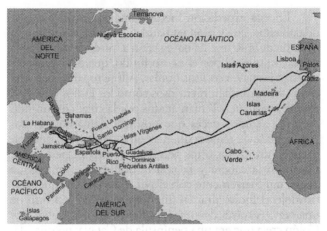

Mapa que muestra la ruta que siguió Colón
en su segundo viaje.

El empeño de Colón en seguir explorando, pero sobre todo las fuertes tormentas que encontró por el camino, retrasaron el retorno a La Española, que no pisaron hasta el 29 de septiembre, cuando el almirante cayó enfermo. En ese período descubrieron nuevas islas y volvieron a pisar Jamaica el 19 de agosto. Más de un mes emplearon en bordear esta isla por el sur, y cuando llegaron a La Isabela, Colón, atacado de fuertes fiebres, se reencontró con su hermano Bartolomé. La enfermedad le había alcanzado cinco días antes de llegar a La Isabela, «una enfermedad muy grave entre fiebre pestilencial y modorra, la cual casi de repente le privó de la vista, de los otros sentidos y del conocimiento», que le mantuvo en cama más de cinco meses.

En cuanto a Bartolomé, su experiencia en las Indias la resumió él mismo, citado en la *Historia del almirante* que años después escribió su sobrino Hernando: «Yo serví de Capitán desde el 14 de Abril del 94 hasta 12 de

Marzo del 96, que salió el Almirante para Castilla; entonces comencé a servir de gobernador hasta el 28 de Agosto del año de 98, que el Almirante fue al descubrimiento de Paria, en cuyo tiempo volví a servir de Capitán hasta el 11 de Diciembre del año 1500, que torné a Castilla».

ENFERMEDADES Y PRIMEROS ENFRENTAMIENTOS

La experiencia colonizadora no fue muy prometedora en el segundo viaje colombino. El clima tropical era demasiado duro para los españoles, para los que el trabajo se convertía casi en tortura. Además, la codicia nubló las relaciones con los indígenas, a los que maltrataron. En el terreno de la salud, el intercambio de enfermedades se convirtió en calamidad, especialmente para los indios, que no tenían defensas naturales para algunas enfermedades porque, simplemente, no habían existido nunca en su continente. Los españoles descubrieron una grave enfermedad de nombre sífilis, como ya vimos en el capítulo anterior, y a su vez llevaron una aún más terrible, por nueva, para los indios, la viruela, que diezmó la población autóctona de la isla. También la gripe acabó con muchas vidas de indígenas. Las diversas fuentes estiman que la población autóctona se redujo entre un 30 % y un 95 % en los primeros ciento treinta años de colonización, y algunas sitúan las enfermedades como primera causa, por encima de la lucha de conquista.

De regreso a La Española, Colón se encontró con una revuelta de los colonos contra sus dos hermanos, cuya autoridad se negaban a reconocer, y que a punto estuvo de producir una guerra civil. Diego no había sido capaz de gestionar La Isabela y menos aún de coordinar la relación con el fuerte Santo Tomás, en el interior de la isla. Después de haber rechazado con dureza el ataque de los indios del cacique Caonabó, este se entregó al adiestramiento de sus hombres para volver a la carga contra el invasor español, al que fue aniquilando en pequeños grupos ante la ausencia de autoridad. Pedro Margarit, que había quedado al mando de este fuerte, regresó sin previo aviso a La Isabela, se unió al padre Boyl y juntos regresaron a España en las tres naves en que había llegado Bartolomé Colón. Inmediatamente, los desertores se presentaron ante los reyes para justificar su actitud y denunciar la incapacidad de los Colón para el gobierno de las Indias. No explicó Boyl por qué no había bautizado a ni un solo indio, pues esa era la misión que lo había llevado a cruzar el océano.

Mientras en La Española Cristóbal Colón, con la ayuda de Bartolomé, desarrollaba estrategias para vencer a los indios, los reyes en España meditaban sobre la situación, conscientes de las dificultades del almirante frente a unos indígenas que ya no eran pacíficos, pero también de que dos hombres como Margarit y Boyl, a pesar de ser en cierto modo desertores, no podían haber inventado aquellas historias que les habían llevado. Ambos eran catalanes y, concretamente, fray Boyl contaba con la confianza del rey Fernando.

Antonio de Torres había regresado a La Española a finales de 1493 con una flota de refuerzo formada por cuatro carabelas, con las que partió de nuevo hacia la Península el 24 de febrero de 1495. Llevaba a bordo a cuatrocientos indígenas que los reyes, a pesar de que seguían sin convencerse de la conveniencia de esclavizarlos, decidieron vender en Andalucía. La reina Isabel era quien personalmente más se oponía a convertir en esclavos a quienes consideraba sus vasallos, en oposición a la práctica de Portugal, que prácticamente monopolizaba el mercado de esclavos africanos. El 1 de junio siguiente firmaron una orden en que desautorizaban esta práctica hasta oír la opinión de una junta de teólogos y letrados creada al efecto. No eran muy amigos los reyes de hacer esclavos más que de los moros. De hecho, los guanches llevados a Sevilla dos años más tarde, en 1497, tras la toma de La Gomera, fueron inmediatamente devueltos a las islas Canarias con carta de libertad. Hasta el 29 de agosto de 1503 no autorizaría la reina que se hicieran esclavos en las Indias, y sólo en el caso de los que se habían levantado en armas contra la Corona y se negaran a abrazar la fe católica; un resquicio que daría pie a abusos de algunos ambiciosos.

Los Reyes Católicos habían enviado a Colón a las Indias para acceder a las riquezas naturales de aquellas tierras, a las que no podían llegar por tierra viajando hacia Oriente, ni tampoco por mar bordeando el continente africano. Los cantos de sirena del descubridor, que aludía constantemente al oro como principal recurso de la tierra hallada, no terminaban de hacerse realidad, pero los reyes no aceptaban el negocio esclavista como sustituto del oro, no al menos con los indios. A pesar de haber esquivado el pago de préstamos mediante la expulsión de los judíos, Isabel y Fernando necesitaban recursos para recuperar las arcas reales, agotadas tras la Reconquista.

LA BATALLA DE LA VEGA REAL

En marzo llegó la victoria definitiva sobre los indios de La Española. Alonso de Ojeda logró capturar a Caonabó gracias a unas pulseras que le regaló y que resultaron ser unos grilletes. Unas semanas después, el día 24, un gran ataque, en el que no se ahorró ninguna de las armas a disposición de los españoles, supuso el varapalo definitivo para los indígenas. Doscientos infantes, veinte jinetes –cuyos caballos asustaban sobremanera a los indios–, veinte perros de caza y el apoyo del cacique Guacanagarix le ayudaron a pacificar la isla.

161

Aquel fue uno de los enfrentamientos armados más trascendentes en la historia de la isla, y fue conocido como la batalla de la Vega Real, iniciada por miles de indígenas comandados por Maniocatex con el fin de liberar al hermano de éste. Existe una leyenda alrededor de esta batalla que cuenta que la noche anterior se apareció en el campamento de los españoles una entidad femenina que fue identificada como la Virgen de las Mercedes con un niño en brazos, y a ella se atribuye aquella victoria. Allí se construyó mucho después, en el siglo XIX, un santuario dedicado a esta Virgen, muy querida por los dominicanos.

Bien es cierto que los conquistadores tenían un armamento mucho más avanzado, y enfrentaron sus espadas de acero y lanzas a las macanas de madera y hachas de piedra de los indígenas. Unos, a pecho descubierto, disparaban sus flechas con arcos, los otros lo hacían con ballestas, protegidos sus cuerpos con cascos de acero y armadura. Si los jinetes a caballo aterrorizaban a los nativos, que creían que se trataba de un solo ser, los perros los despedazaban vivos.

Con la idea de conseguir oro por un medio más productivo que el que había empleado hasta entonces, en la creencia de que los indios sabían extraerlo mejor que los españoles, Colón decidió desde entonces confirmar su autoridad cobrando un tributo trimestral de un cuerno lleno de oro o veinticinco libras de algodón hilado a todos los nativos varones mayores de catorce años, y a los caciques les exigió una calabaza llena de oro cada dos meses. Esto más bien contribuyó a que los indios desaparecieran de la vista de los españoles, en un intento de evitar el pago del impuesto, incapaces de acumular tales cantidades. A su vez, la huida de los indígenas supuso el abandono de sus cultivos, lo que unido a las enfermedades que habían llevado los colonos, derivó prácticamente en su extinción. Cincuenta años más tarde, los nativos que quedaban en la isla no alcanzaban el millar.

Tras la pacificación, los españoles pudieron descubrir otras riquezas de La Española, según cuenta Hernando Colón:

> [...] especialmente dónde había minas de cobre, de zafiros, de ámbar y brasil, ébano, incienso, cedros, muchas gomas finas y especiería de varios géneros, aunque salvajes, que bien cultivadas podían llegar a perfección, como la canela fina de color, aunque amarga de sabor; jengibre, pimienta, diversas especies de moreras para la seda, que todo el año tienen hojas, y muchos otros árboles y plantas útiles de que los nuestros no tenían conocimiento alguno.

EL MEDIADOR REAL

Los Reyes Católicos finalmente decidieron enviar a Juan de Aguado a La Española como juez con la misión de estudiar la situación denunciada por Margarit y Boyl y emitir un informe. Aguado, repostero real, ya había estado anteriormente en la isla, pero esta vez fue recibido a su llegada, a mediados de octubre de 1495, por un fuerte huracán que acabó con los cuatro barcos de la flota con la que había cruzado el océano, así como con el fuerte La Isabela. Colón ordenó armar dos carabelas, las primeras que se construirían en el Nuevo Mundo, y levantó varios fuertes en lugares estratégicos de la isla, tras lo que nombró a su hermano Bartolomé capitán general y gobernador de La Española, con Diego de segundo y uno de sus criados como alcalde mayor de la nueva Isabela.

Aguado comprobó desde el principio el rechazo que producía Colón en los colonos, y los nombramientos que hizo a su llegada le confirmaron ese malestar. Colón encontró en el delegado real a un intransigente contrario a sus teorías, por lo que decidió acudir personalmente a Castilla a informar a los reyes. Dejó al mando a

Bartolomé, que muy pronto abandonó La Isabela y la reemplazó por otro lugar mucho mejor que él mismo escogió en la costa meridional de la isla, que llamó Santo Domingo y es hoy la ciudad de origen europeo más antigua de América. La Isabela no volvería a ser habitada, y acabaría convertida en un lugar misterioso y terrorífico.

El 10 de marzo de 1496 Cristóbal Colón partió acompañado de Juan de Aguado junto a los enfermos, más de doscientos colonos que querían regresar –y que habían denunciado que el almirante los retenía en las Indias–, treinta indios y un cargamento de oro, apiñados en tan sólo dos carabelas, la *Niña* y la *India,* que era la primera que se había construido al otro lado del océano. No fue un viaje fácil y algunos murieron, sobre todo indios, y uno de ellos, el cacique Caonabó.

AMARGO REGRESO

Colón volvió de su segundo viaje con un grupo de indios, adornos propios de estos y animales y plantas desconocidos en el Viejo Continente.

Por fin, el 11 de junio de 1496 llegaron al puerto de Cádiz. Era el final del segundo viaje y el descubridor tardaría dos años en emprender el tercero. A su llegada a Cádiz, Colón comprobó en sus propias carnes que su figura ya no era tan querida y admirada como al regreso de su triunfante primera expedición. Margarit y Boyl se habían encargado de extender entre la población los mismos comentarios que habían relatado a los reyes. En la sevillana población de Los Palacios, Colón se hospedó en la casa del cura Andrés Bernáldez, al que obsequió con la entrega del diario de aquel segundo viaje, que no ha llegado a nuestros días salvo por lo que el propio Bernáldez utilizó de él en sus *Memorias del reinado de los Reyes Católicos*. A diferencia del almirante vestido de oro y seda que llegó a Castilla en 1493, el Cristóbal Colón que regresó tres años después a la Península llevaba unos ropajes de fraile y una barba descuidada que más bien le daban el aspecto de un hombre hundido. Sin duda se trataba de un gesto estudiado, y quería dejar claro ante el pueblo y ante los reyes su rechazo a la afrenta sufrida de parte de Juan de Aguado.

Colón tardó un mes en recibir carta de los reyes, que estaban ocupados con la celebración de las bodas del príncipe Juan y de la infanta doña Juana con sendos príncipes de la Casa de Austria, sin olvidarse mientras de ciertas disputas fronterizas con Francia. Hasta octubre no recibieron a Colón, que a pesar de la oposición de numerosos personajes, empezando por Juan de Aguado, que ya había detallado todos los pormenores de su misión a los monarcas, fue acogido cordialmente en Burgos, donde se encontraban sus dos hijos, pajes del príncipe de Asturias. Uno de ellos, Hernando, describió en la biografía de su padre que redactaría años después los regalos con que este llegó a la corte:

> Diversidad de aves y otros animales, árboles, plantas, instrumentos y otras cosas que los indios usaban

para su servicio y recreo; muchas máscaras y ceñidores con varias figuras, en las que los indios ponían hojas de oro en los ojos y las orejas; juntamente había oro en grano, producido así por la naturaleza, menudo, o grande como habas o garbanzos, y algunos granos como huevos de paloma; aunque esto después no fue apreciado tanto, pues en tiempos posteriores se halló un pedazo y pepita de oro que pesaba más de treinta libras.

El almirante quería regresar cuanto antes a las Indias, pero todo transcurrió lentamente y hasta febrero de 1498 no pudo enviar dos naves con lo esencial para socorrer a los que allí se habían quedado. Iban capitaneadas por Pedro Fernández Coronel, mientras Colón continuó preparando el que había de ser su tercer viaje.

Las noticias sobre sus descubrimientos ya se habían extendido por Europa, y Portugal ya no era el único rival de las coronas castellana y aragonesa. Otros reyes se vieron tentados por la exploración del nuevo mundo.

El italiano Giovanni Caboto, que vivió en Valencia entre 1490 y 1493 y estaba en Barcelona cuando Colón fue recibido por los Reyes Católicos al regreso de su primer viaje, exploró al servicio de Inglaterra las costas del nordeste de América. Enrique VII le dio la licencia de navegación en 1496. En sus dos viajes, recorrió las costas de cabo Bretón, Terranova, el sur de Groenlandia y el Labrador, pero no encontró oro ni una ruta a las Indias, y ante la belicosidad de los indígenas de aquella parte, Inglaterra abandonó, de momento, la empresa colonizadora.

7

Los dos últimos viajes.
El fallecimiento de Colón

PÉRDIDA DE PODER Y DE SALUD

El 30 de mayo de 1498, casi dos años después de su llegada a Cádiz, Cristóbal Colón partió de nuevo hacia América, esta vez desde Sanlúcar de Barrameda (Cádiz), con una flotilla de seis carabelas y trescientos treinta hombres, entre los que se encontraba fray Bartolomé de las Casas. No sólo fueron muchos menos que en el segundo viaje, sino que además fue complicado reclutarlos, después de conocerse los resultados de la segunda expedición. Los problemas de gestión que había mostrado Cristóbal Colón habían abierto a los reyes la posibilidad de quitarle el monopolio de los viajes transoceánicos, de modo que entonces él ya no era el único explorador en el Nuevo Mundo. Isabel y Fernando concedieron tres licencias de exploración casi simultáneas a este tercer viaje de Colón. La primera unió a Alonso de Ojeda, Juan de la Cosa y Américo Vespucio; la segunda iba comandada por Vicente Yáñez Pinzón, y la tercera estaba a cargo de Francisco Niño y Cristóbal Guerra. La mayoría de ellos habían atravesado antes el océano bajo el mando del almirante, y ahora se enfrentaban a sus propias misiones.

En su relación del viaje, Colón afirmaba encontrarse fatigado y se quejaba de que en lugar de la travesía tranquila que esperaba, tuvo que dirigirse a Madeira «por camino no acostumbrado, por evitar escándalo que pudiera naçer con un armada de Francia, que me aguardava al cabo de San Viceinte». Antes de llegar a Madeira, el 7 de junio pasó por Porto Santo, donde años antes había residido junto a su mujer y había nacido su hijo mayor. Allí oyó misa y se proveyó de agua, leña y lo que necesitaba para continuar su viaje. Llegó a Madeira el domingo 10 de junio y se quedó hasta el sábado siguiente, agradeciendo el cálido recibimiento. De Madeira siguió a Canarias; primero a la isla de La Gomera, el 19 de junio, donde tuvo un nuevo encontronazo con los franceses, que habían apresado dos naves castellanas y huyeron al ver la flota del almirante. Unos días después siguió hacia El Hierro, donde partió en dos la expedición. Envió tres naves directamente a La Española, capitaneadas por Pedro de Arana, Alfonso Sánchez de Carvajal y su primo Juan Antonio Colombo, respectivamente, para que cada semana se turnaran en el gobierno general de la misión. Mientras, él se dirigió con las otras tres naves, una nao y dos carabelas en dirección sudoeste, «con el propósito de llegar a la línea equinoçial y de allí seguir al Poniente hasta que la isla Española me quedase al Septentrión». Paró en las islas de Cabo Verde, de las que escribió: «Falso nombre porque son atán secas que no vi cosa verde en ellas y toda la gente enferma, que no osé detenerme en ellas». Sí se detuvo, para recoger provisiones, según su hijo Hernando, y se interesó por la forma en que se curaban los leprosos que allí acudían con ese fin, pero el explorador no le quiso dar mayor importancia, por causas que se desconocen. La firma del Tratado de Tordesillas, cuatro años antes, nos explica por qué en este viaje Colón no evitó pasar por tierras portuguesas como Porto Santo, Madeira y Cabo Verde, en las que en expediciones anteriores podría haber tenido problemas, como de hecho había sucedido en Madeira a su regreso del primer viaje. Ahora las buenas relaciones entre ambos reinos eran un hecho confirmado por la boda de una de las infantas de Castilla y Aragón, Isabel, con el nuevo rey luso, Manuel I. Tras la muerte de Isabel, en agosto de ese mismo año, su hermana María contraería matrimonio con el viudo dos años más tarde.

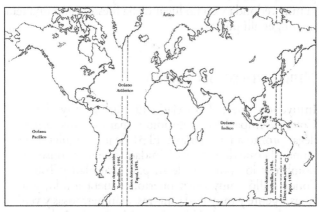

La firma del Tratado de Tordesillas permitió a Colón parar en las islas portuguesas en su tercer viaje.

El clima de esa época del año le provocó a Colón un fuerte ataque de gota en una pierna, que derivó en una fiebre cuatro días después. Tras partir de Cabo Verde el 4 de julio, perdió el viento y durante ocho días el calor fue tan grande, que, en sus propias palabras, «creí que se me quemasen los navíos y gente». Y es que realmente algunos toneles de agua y de vino reventaron a causa del calor, y gran parte de la comida se estropeó. Sólo alguna lluvia esporádica y unas pocas nubes les dieron tregua durante aquella larga semana. Entonces decidió no seguir navegando hacia el sur y viró hacia el poniente. Más tarde, recordando esta travesía –y debido a un fallo en sus cálculos de latitud al observar la estrella Polar–, se cuestionó la esfericidad de la tierra, en la que siempre había creído, y disertó sobre la posibilidad de que la forma del orbe fuera más bien otra: «Fallé que no era redondo en la forma qu'escriven, salvo que es de la forma de una pera que sea toda muy redonda, salvo allí donde tiene el peçón que allí tiene más alto, o como quien tiene una pelota muy redonda y en un lugar d'ella fuesse como una teta de muger allí puesta...».

Nuevos descubrimientos

Intuyendo que había dejado El Caribe muy al norte, Colón se impacientó y decidió tomar esa dirección para llegar pronto a La Española. El 31 de julio siguiente llegó a una isla que denominó Trinidad (que hoy conserva su nombre y lo aporta al de su país, Trinidad y Tobago), donde halló «muy buen puerto, si fuera fondo, y avía casas y gente y muy lindas tierras, atán hermosas y verdes como las guertas de Valençia en Março». El 1 de agosto tuvo un curioso encuentro con un grupo de nativos que se acercaron a su nave:

> El día siguiente vino de hazia Oriente una grande canoa con veinte y cuatro hombres, todos mançebos e muy ataviados de armas, arcos y flechas y

tablachinas, y ellos, como dixe, todo mançebos de buena disposición y no negros, salvo más blancos que otros que aya visto en las Indias, y de muy lindo gesto y fermosos cuerpos y los cabellos largos y llanos cortados a la guisa de Castilla, y traían la cabeça atada con un pañuelo de algodón, texido a labores y colores, el cual creía yo que era almaizar.

Colón hace esta detallada descripción a pesar de que no tuvo oportunidad de tratar con ellos amigablemente. Los nativos, temerosos, estuvieron rondando los barcos españoles durante más de dos horas, sin que el almirante lograra que subieran para entrevistarse con ellos. Incluso simuló una fiesta en su nao para animarlos, pero, lejos de eso, los indios lo interpretaron como danzas guerreras, comenzaron a dispararles flechas y acudieron a la carabela cercana, cuyo capitán consiguió concertar una cita con ellos en la playa, a la que nunca acudieron; como escribió Colón, «e nunca más los vide, ni a otros d'esta isla».

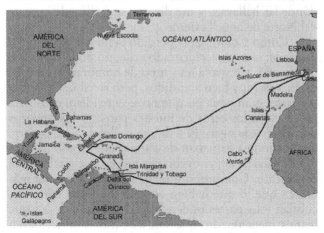

En su tercer viaje, Colón descubrió por fin tierra firme.

El mismo 1 de agosto, desde Trinidad, vieron tierra firme, y Colón, pensando que se trataba de otra isla, la llamó Isla Santa, y se dirigió hacia allí. El descubridor llegó a lo que era en realidad la desembocadura del río Orinoco, que describió ampliamente y le recordó a los cuatro grandes ríos que, según las sagradas escrituras, salen de la fuente junto al árbol de la vida, en el paraíso terrenal: el Ganges en India, el Tigris y el Éufrates en Mesopotamia y el Nilo en Egipto. Cuando lo descubrió, sin embargo, al principio confundió el delta del río con un estrecho que separaría dos islas, idea que corrigió al comprobar la lucha del agua dulce por salir y la del agua salada por entrar. Parece que no bajó a tierra en esta ocasión, a pesar de que fueron a pedírselo un grupo de indígenas «de parte de su rey». Concentrado fundamentalmente en la búsqueda del oro, explica que cuando no atendió a esa invitación, «vinieron a la nao infinitíssimos en canoas, y muchos traían pieças de oro al pescueço y algunos atados a los braços algunas perlas. Holgué mucho cuando las vi e procuré mucho de saber dónde las hallavan, y me dixeron que allí y de la parte del Norte de aquella tierra».

Como Colón había perdido la mayor parte de las provisiones en su accidentado viaje, no pudo detenerse mucho allí, y envió a un grupo de hombres que, explica, fueron muy bien atendidos, pero «recibieron ambas las partes gran pena porque no se entendían, ellos para preguntar a los otros de nuestra patria, y los nuestros por saber de la suya». El 5 de agosto llegaron a una tierra que los indios llamaban de Paria y que Colón bautizó isla de Gracia, sin convencerse aún de que estaba en el continente. Comprobó que los indígenas, de piel más blanca que lo que habían encontrado hasta entonces, cubrían «sus partes pudendas con un paño de los que hemos mencionado, que son de varios colores; llevan otro rodeado a la cabeza. Las mujeres no encubren cosa alguna, ni siquiera las partes vergonzosas [...]». Los hombres, además, sí llevaban «el pelo cortado a mitad de la oreja, al uso de Castilla».

Durante las expediciones que realizó durante ese mes de agosto, Colón llegó a Tobago y a Granada, navegó por el golfo de Paria (Venezuela), la Boca del Dragón y la isla Margarita, y se convenció por fin de que estaba frente a tierra firme, después de haber pisado tantas islas. Colón opinaba que se trataba de un continente, pero no diferente de Asia, sino un extremo de esta.

Concretamente, pensaba que se trataba del paraíso terrenal, que entonces se creía situado en el extremo

Grabado de Theodore de Bry que muestra la recolección de perlas en la costa de Venezuela en el tercer viaje de Colón.

oriental de Asia. El clima templado, al menos no tan caluroso como en el resto del Caribe, y la desembocadura de un río, el Orinoco, que él creería que era el Ganges, uno de los cuatro nacidos en el paraíso terrenal, asemejaban la costa venezolana a la descripción que la Biblia hacía del Edén. Como hemos visto, allí descubrió, además, otro de los filones que enriquecieron a la Corona española durante años: las perlas. Al principio Colón se cuidó de guardarse la información sobre este descubrimiento, quizá con la intención de proteger los intereses de los reyes, pero la historia ha juzgado esta ocultación como una traición a Isabel y a Fernando, que se enteraron del hallazgo por otros medios.

En su relación del viaje, el descubridor volvió a narrar cómo trataba de averiguar el origen del oro y, ahora también, de las perlas:

> Procuré mucho de saber dónde cogían aquel oro, y todos me aseñalavan una tierra frontera d'ellos al Poniente, que era muy alta, mas no lexos, mas todos me dezían que no fuese allá porque allí se comían a los hombres, y entendí entonces que dezían que eran hombres caníbales e que serían como los otros. [...] También les pregunté adónde cogían las perlas, y me señalaron también que al Poniente y al Norte, detrás d'esta tierra adonde estavan.

NUEVAS REBELIONES

Ante la falta de víveres, Colón renunció a comprobar lo que los nativos le habían dicho y acudió hacia La Española para desde allí organizar una nueva expedición. Pero, al llegar a Santo Domingo, el 30 de agosto de 1498, tras treinta meses de ausencia, se encontró con una situación caótica, debido a nuevas rebeliones contra él y sus hermanos. Explica Hernando:

Entrado el Almirante en la ciudad de Santo Domingo con la vista casi perdida por el continuo velar que había tenido, esperaba que reposaría de los trabajos sufridos en aquel viaje, y hallaría mucha paz entre su gente; pero vio muy lo contrario, porque todos los vecinos de la isla estaban con gran tumulto y sedición; buena parte de la gente que dejó había muerto; de los restantes había más de ciento sesenta enfermos del mal francés; muchos otros se habían sublevado con Roldán, y no encontró los navíos que dijimos haber enviado desde las islas Canarias con socorro.

Después de abandonar el fuerte de La Isabela, donde murieron trescientos españoles, Bartolomé había dispersado a los colonos, y declaró la guerra a los caciques de Xaraguá y Neiva y les impuso un tributo en algodón. Tras reducir a estos, hubo de enfrentarse a otra rebelión, esta vez dentro de sus propias filas. El cabecilla, Francisco Roldán, reunió a un grupo de colonos con los que asaltó los almacenes de armas y provisiones y recorrió la isla uniendo adeptos a su causa, hasta ciento quince hombres. Algunos de ellos procedían de las tres carabelas que Colón había enviado directamente desde Canarias, que habían ido a atracar precisamente en las tierras donde Roldán organizaba su asonada. Colón, sin soldados suficientes para hacerle frente, trató de que su nuevo enemigo fuera a Santo Domingo para entrevistarse con él, y pidió ayuda a los reyes. En su negociación con Roldán, en septiembre de 1499, tuvo que hacer grandes concesiones, lo que deterioró aún más la imagen sobre su capacidad política. Respetó el nombramiento de Roldán como alcalde, facilitó el regreso de quince de sus hombres a España y al resto les entregó tierras e indios que las trabajaran y les dio su perdón. Para colmo de males, la entrega de tierras suponía de hecho la asunción de un derecho feudal contra el que los Reyes Católicos estaban luchando en la Península.

A pesar de todo, las rebeliones siguieron sucediéndose. Una de las más importantes, la encabezada por Adrián de Moxica, se saldó con la condena a muerte del sublevado y sus compinches. Otra fue la encabezada por Alonso de Ojeda, que llegó a la isla con cuatro carabelas dispuesto a explotarla para beneficio propio, pero que fracasó estrepitosamente en su intento. Tras el envío de otros quinientos indígenas a España, con el que Colón hacía de nuevo oídos sordos al rechazo de los reyes hacia la esclavitud de aquellos hombres, en España saltaron de nuevo las alarmas. Llegaron con este cargamento las noticias de las rebeliones ultramarinas, y a principios de 1499 los reyes se tomaron en serio la demanda de ayuda de Colón meses antes.

Colón había solicitado el envío de un juez que diera fin a los sucesivos conflictos, y los reyes, recordando el episodio de Aguado, decidieron que ese juez además fuera gobernador, para investirlo de mayor autoridad. Pero este nombramiento, sin ir acompañado explícitamente de una destitución de Cristóbal Colón en el mismo cargo, sí que suponía, de un modo más diplomático, una sustitución de este. El 21 de mayo nombraron a Francisco de Bobadilla delegado, juez pesquisidor y, para disgusto de Colón, gobernador de la isla. Pero aún tardaron un año en enviarlo a La Española, tiempo prudencial en el que los reyes se mantuvieron informados sobre la situación de la isla y las resoluciones del almirante para acabar con las rebeliones.

EL NUEVO GOBERNADOR, UN NUEVO ENEMIGO

Francisco de Bobadilla llegó a Santo Domingo el 23 de agosto de 1500. Hasta entonces, Colón desconocía que aquel hombre llevara consigo más autoridad que la de juez. Lo primero que hizo, según critica Hernando Colón, fue, «no hallando Bobadilla cuando llegó persona a quien tener respeto» por estar Cristóbal Colón en otra parte de la isla, «alojarse en el Palacio del Almirante, y servirse y apoderarse de todo lo que había en él, como si le hubiera tocado por legítima sucesión y herencia, recogiendo y favoreciendo después a todos los que halló de los rebeldes, y a otros muchos que aborrecían al Almirante y a sus hermanos».

Las rebeliones estaban en un punto muerto, y Diego Colón mantenía a cinco reos pendientes de ser ejecutados. El primer conflicto entre ambos personajes fue la anulación de las sentencias de muerte, a lo que Diego Colón, en ese momento al frente de la ciudad, se negó. Bobadilla reclamó los expedientes de los juicios y se enfrentó al hermano del descubridor. Fue entonces, y no antes, cuando sacó esa arma que llevaba escondida, su nombramiento como gobernador, y encarceló a Diego. Cuando Cristóbal y Bartolomé Colón llegaron a Santo Domingo, no tardaron en acompañar a su hermano. A punto estuvo este suceso de originar una nueva rebelión, esta vez con los hermanos Colón como sublevados. Tentado estuvo el almirante de hacer uso entonces de su título de virrey, pero esta decisión habría acabado enfrentándolo a los Reyes Católicos, y finalmente desistió de ofrecer resistencia a la autoridad de Bobadilla. Despojado de todo mando, en octubre fue enviado a Castilla junto a sus dos hermanos.

En su detallada querella contra el almirante, Francisco de Bobadilla denunciaba el racionamiento de alimentos y los malos tratos infligidos a los colonos, a los que había forzado a trabajar sin distinción de su cuna, llegando a ahorcar a los que, llevados por el hambre, habían abandonado su puesto en busca de algo de comida. Otra grave acusación era la de no permitir los bautizos de indios porque prefería esclavizarlos para hacer negocio, por lo que les declaraba la guerra como coartada para capturarlos. Además, reveló que Colón había empleado a indígenas amigos para hacerle la guerra a él y obligarle a regresar a España. Por último, lo acusaba de ocultar datos sobre las reservas reales de oro para enriquecerse personalmente.

Lo cierto es que Francisco de Bobadilla, a juzgar por la actuación posterior de los reyes, se excedió en las

El tercer viaje terminó de una forma muy diferente al anterior. Francisco de Bobadilla hizo a Colón viajar esposado como un vulgar reo.

formas, y no sólo arrestó a los hermanos Colón, sino que los trató como a vulgares reos e incluso les hizo poner grilletes, que no les quitaron hasta que llegaron al puerto de Cádiz el 20 de noviembre de 1500. Cuenta Hernando que el piloto del barco que los llevó de vuelta a España se los quiso quitar, pero que su padre, orgulloso:

> [...] jamás lo consintió, diciendo que, pues los Reyes Católicos mandábanle por su carta que ejecutase lo que en su nombre mandase Bobadilla, y éste, por su autoridad y comisión, le había puesto los grillos, no quería que otras personas, que las de Sus Altezas, hicieran sobre ello lo que les pareciese; pues tenía determinado guardar los grillos para reliquia y memoria del premio de sus muchos servicios. Y así lo hizo, porque yo los vi siempre en su cámara, y quiso que fuesen enterrados con sus huesos.

REHABILITACIÓN A MEDIAS

Cuando lo recibieron en la corte, situada entonces en Granada, el 17 de diciembre de aquel año, los Reyes Católicos llegaron a disculparse ante Cristóbal Colón por el trato que había recibido, y le hicieron saber que no había sido su voluntad hacerlo preso. Creía el almirante, acompañado en esos días de sus hijos, que iba a conseguir algo más que buenas palabras de los monarcas, pero no fue así.

Ante la obviedad de sus fracasos políticos, los reyes despojaron a Colón de toda la autoridad que le habían concedido años antes en las Capitulaciones de Santa Fe, excepto del cargo de almirante y de sus privilegios económicos. En realidad no lo destituyeron como gobernador, sino que simplemente lo reemplazaron por otro, mientras que el cargo de virrey quedó en suspenso hasta que su hijo Diego lo recuperó en 1511, cinco años después de fallecer su padre, sólo con carácter temporal y no hereditario. A pesar de desposeerlo de todo cuanto le habían dado, los reyes animaron a Colón a seguir explorando las nuevas tierras, con la única prohibición de volver a pisar la isla La Española. Y a pesar de todo lo aquí relatado, el almirante siguió empleando sus títulos de gobernador y virrey hasta su muerte, y como tal continuó firmando, sin que los reyes hicieran nada en contra.

Casi un año después, el 3 de septiembre de 1501, Colón perdió toda esperanza de recuperar sus poderes cuando los reyes nombraron a fray Nicolás de Ovando gobernador de las islas y tierra firme de las Indias. Su único consuelo fue que el nombramiento suponía quitar del mando al que se había convertido en uno de sus mayores enemigos, Francisco de Bobadilla. Ese mismo mes los reyes instaron a Bobadilla a devolver a Colón los beneficios económicos que en el tiempo transcurrido desde su detención se le habían requisado, y ordenaron a Ovando que en lo sucesivo respetara esos derechos adquiridos en 1492 en las Capitulaciones de Santa Fe. Según Hernando Colón, el descubridor había llegado a plantearse no volver a las Indias y descargar en su hermano aquellas responsabilidades, hasta que los reyes lo animaron a que emprendiera una nueva expedición, dejando a su hijo Diego al frente de sus reclamaciones ante la Corona. Sin duda, para los reyes era más cómodo tener al descubridor alejado de la Corte.

EL ÚLTIMO VIAJE

Preparó entonces Cristóbal Colón el cuarto y último viaje que lo llevaría al otro lado del océano. Como ha quedado reflejado en este relato, después de más de un año pidiendo a los reyes que lo dejaran volver a las Indias Occidentales, finalmente lo hizo por requerimiento de ellos, que, inquietos por las expediciones de los portugueses por oriente, le prometieron además que a su regreso le devolverían sus títulos y privilegios. Colón se trasladó de Granada a Sevilla y en poco tiempo preparó el viaje. Zarpó del puerto de Cádiz el 9 de mayo de 1502, con cuatro barcos –dos carabelas y dos barcas cantábricas– «de gavia de 70 toneladas de porte el mayor y el menor de 50» y ciento cuarenta hombres, acompañado de su hermano Bartolomé y de su hijo Hernando, que lo narró en primera persona en su *Historia del almirante*. Como en el primer viaje, en esta ocasión tampoco había ninguna mujer en la expedición.

Primero fue a Santa Catalina, «desde donde partimos el miércoles, 11, y al segundo día fuimos a Arcila, para socorrer a los portugueses que se decía estar muy apretados; pero, cuando llegamos, ya los moros habían levantado el sitio». Allí encontraron y dieron apoyo a algunos parientes de Filipa Moniz, la madre de Diego, de quien Hernando habla como alguien muy lejano: «Mujer que fue, como ya dijimos, del Almirante en Portugal». Después se dirigieron a las islas Canarias, y el 25 de mayo salieron de Gran Canaria y tardaron tan sólo dieciséis días en llegar a las Antillas. No pudieron desembarcar en La Española por la negativa de Ovando –que simplemente obedecía una orden de los reyes, algo que Colón en realidad ya sabía que pasaría–, lo que produjo gran congoja en sus hombres, temerosos de que los llevaran lejos y que si enfrentaban algún serio peligro no encontrarían remedio en aquella isla. Los reyes le habían prohibido también hacer esclavos y le habían instado a tratar correctamente a los tripulantes de su flota. Colón no pretendía tanto desembarcar allí como guarecerse durante unos días en su puerto ante la tormenta que se acercaba, y para cambiar uno de los barcos que llevaba, «que era poco velero y navegaba mal, y no podía sostener las velas si no se metía el bordo hasta cerca del agua, de que resultó algún daño en aquel viaje».

A su llegada a La Española, Colón advirtió a Francisco de Bobadilla de que se avecinaba una fuerte tormenta, pero este no le hizo caso y murió con gran parte de su flota cuando partió hacia España.

A pesar del agravio, el almirante tuvo la gentileza de advertir a la expedición que iba a devolver a su rival Francisco de Bobadilla a España de que el huracán que se acercaba, del que pretendía guarecerse en aquel puerto, hacía más prudente retrasar su partida. No atendieron a su consejo y fue la última travesía de su enemigo, que se hundió en el océano con veinticuatro de los barcos, más de quinientos hombres y un importante cargamento de oro. Hernando opina sobre este suceso: «Yo tengo por cierto que esto fue providencia divina, porque, si arribaran éstos a Castilla, jamás serían castigados según merecían sus delitos; antes bien, porque eran protegidos del obispo Fonseca, hubiesen recibido muchos favores y gracias; y por esta causa facilitó su salida de aquel puerto, hacia Castilla». También Colón y los suyos sufrieron las fuertes tempestades desde la misma noche que no pudieron desembarcar en La Española. Fondeada frente al puerto, la nave del almirante fue la única de las cuatro que resistió a los fuertes vientos. Las otras tres fueron arrastradas mar adentro y tardaron unos días en regresar al lugar acordado antes del incidente, el puerto de Azua, al mediodía de La Española. Allí, «contando cada uno sus desgracias, se halló que el Adelantado [Bartolomé Colón] había padecido tan gran riesgo, por huir de tierra, como marinero tan práctico; y el Almirante no había corrido peligro por haberse acercado a ella, como sabio astrólogo que conocía el paraje de donde podía venirle daño».

Colón dejó escrito que en ochenta y ocho días no había cesado la tormenta, que había ido deteriorando las embarcaciones y la salud de sus hombres y la suya propia. Sin haber podido pisar La Española, se dirigió a Jamaica para desde allí preparar su viaje a tierra firme. Debía reparar las naves y, sobre todo, dar un descanso a los marineros para que sanasen los enfermos. Pero el viento apenas les daba tregua. Según contaba en su relación de este viaje: «Allí se mudó de mar alta en calmería y grande corriente, y me llevó fasta el Jardín de la Reina sin ver tierra. De allí, cuando pude, navegué a la tierra firme, adonde me salió el viento y corriente terrible al opósito. Combatí con ellos sesenta días, y en fin no lo pude ganar más de setenta leguas».

Maltratados por el clima

Aquella expedición lo llevaría a bordear las costas que hoy pertenecen a Honduras, Nicaragua, Costa Rica y Panamá en busca de un paso que lo llevara a China antes de que llegaran los portugueses. Tan convencido estaba de triunfar, que tenía previsto regresar a Castilla por el oeste, dando la vuelta al mundo. No se le ocurrió enviar una expedición al interior cuando, casualmente, permaneció unos días anclado en la mismísima entrada del que hoy es el canal de Panamá, lo que habría cambiado mucho el resultado de aquella expedición. Pero él estaba obsesionado con encontrar las minas de oro que creía que existían en esa parte. Eso sí, se justificaba en su relación: «Cuando yo descubrí las Indias, dixe que eran el mayor senorío rico que ay en el mundo. Yo dixe del oro, perlas, piedras preciosas, espeçerías, con los tratos y ferias, y porque no pareció todo tan presto fui escandaliçado. Este castigo me hace agora que no diga salvo lo que yo oigo de los naturales de la tierra».

En la isla de Guanaja, frente a la costa hondureña, cuenta Hernando que la expedición se topó con:

> [...] una canoa tan larga como una galera, y ocho pies de ancha, toda de un solo tronco, y de la misma hechura que las demás, la cual venía cargada de mercaderías, de las partes occidentales, hacia Nueva España, en medio de ella había un toldo de hojas de palma, no diferente del que traen las góndolas en Venecia, que defendía lo que estaba debajo, de manera que ni la lluvia, ni el oleaje podían dañar a nada de lo que iba dentro. Debajo de aquel toldo estaban los niños, las mujeres, los muebles y las mercaderías.

Se trata de una anécdota que da cuenta del comercio que algunos indígenas mantenían en el nuevo mundo.

A pesar de las grandes riquezas que parecían tener los pueblos de esa zona de Centroamérica, Colón no continuó navegando hacia ellos, pues pensó que podría hacerlo en el futuro desde Cuba, y prefirió continuar buscando el paso a occidente «para descubrir las tierras de la especiería».

Aún en la costa de Honduras, Colón bajó a tierra el domingo 14 de agosto de 1502 para oír misa, y el miércoles siguiente determinó tomar posesión de aquella tierra en nombre de los reyes. Le recibieron más de cien indios cargados de provisiones, que los españoles cambiaron por «cascabeles, cuentas y otras cosillas». No lograron entenderse por la diferencia del idioma de esos nativos respecto a los ya conocidos. Hernando los describió así:

> La gente de este país es casi de igual disposición que en las otras islas, pero no tienen las frentes anchas, como aquéllos, ni muestran tener religión alguna; hay entre ellos lenguas diferentes, y generalmente van desnudos, aunque traen cubiertas sus partes vergonzosas; algunos usan ciertas camisetas largas, como las nuestras, hasta el ombligo, y sin mangas; traen labrados los brazos y el cuerpo, de labores moriscas, hechas con fuego, que les dan parecer extraño; algunos llevan leones pintados, ciervos, castillos con torres y otras figuras diversas; en lugar de bonetes, traen los más ciertos pañetes de algodón, blancos y colorados; otros llevan colgando, sobre la frente, algunos mechones del pelo; pero cuando se componen para alguna fiesta, se tiñen la cara, unos de negro y otros de colorado; algunos se hacen rayas de varios colores en la cara; otros se tiñen el pico de la nariz; otros dan de negro a los ojos, y así se adornan para parecer hermosos, aunque verdaderamente parecen diablos.

El fracaso de la expedición, en definitiva, fue absoluto, y las continuas tempestades no consiguieron sino maltratar las embarcaciones y minar el ánimo de los hombres, empezando por su propio comandante. Tardaron más de setenta días en navegar sesenta leguas, debido a los vientos y las corrientes, hasta que el 14 de septiembre alcanzaron el cabo que por dicha dificultad fue bautizado cabo de Gracias a Dios, pues desde allí parecía que todo sería más fácil. Dos días más tarde, una de las naves, una cantábrica, se hundió y se llevó con ella a todos sus tripulantes cuando exploraba la desembocadura de un río de la actual Guatemala que, debido a este suceso, fue bautizado con el nombre de río de la Desgracia. El domingo 25 de septiembre llegaron a la tierra que Hernando describió como «de la mejor gente, país y sitio que hasta allí habíamos hallado, así porque era alta la tierra, de muchos ríos y copiosa de árboles elevadísimos, como porque dicha isleta era espesa como el basilicón, llena de muchos boscajes de árboles derechos, así de palmitos y mirobalanos, como de otras muchas especies, por lo que llamóla el Almirante, la Huerta». Allí permanecieron varios días, y el 2 de octubre, «habiéndonos detenido aquí más de lo que requería la presteza del viaje, prevenidos y aprestados los navíos de todo lo que necesitaban», antes de irse, el almirante envió a su hermano Bartolomé, el adelantado, ir a «reconocer los pueblos de los indios, sus costumbres y su naturaleza, con la calidad del país». Lo que descubrió éste llamó la atención de los españoles:

> Lo más notable que vieron fue que, dentro de un palacio grande de madera, cubierto de cañas, tenían sepulturas; en una de ellas había un cuerpo muerto, seco y embalsamado; en otra, dos sin mal olor, envueltos en paños de algodón; sobre las sepulturas había una tabla, en que estaban algunos animales esculpidos; en otras, la figura del que estaba sepultado, adornado de muchas joyas, de guanines, de cuentecillas y otras cosas que mucho estimaban.

Interesado por la cultura de estos indios, que Colón entendió que era más avanzada que las que había encontrado hasta entonces, ordenó el almirante apresar a dos indios para que les sirvieran de guías por esa costa, para liberarlos más adelante. El viaje se reinició el 5 de octubre, y los indios apresados sirvieron de mediadores en los intercambios comerciales que Colón hizo en otras tierras que fue descubriendo, sin detenerse demasiado pues «el Almirante no cuidaba en este viaje más que de adquirir muestras», según Hernando.

Llegados algunos días de calma en aquella temporada de huracanes, los barcos se vieron rodeados de tiburones, que algunos veían similares a los buitres «que barruntan donde hay cuerpo muerto», y aprovecharon para cazar los que pudieron y comerlos, por las razones que explicaba Hernando:

> Aunque algunos lo tuviesen por mal agüero, y otros por mal pescado, a todos les hicimos el honor de comerlos, por la penuria que teníamos de vituallas, pues habían pasado más de ocho meses que corríamos por el mar, en los que se había consumido toda la carne y el pescado que llevamos de España, y con los calores y la humedad del mar, hasta el bizcocho se había llenado tanto de gusanos que, ¡así Dios me ayude!, vi muchos que esperaban a la noche para comer la mazamorra, por no ver los gusanos que tenía; otros estaban ya tan acostumbrados a comerlos, que no los quitaban, aunque los viesen, porque si se detenían en esto, perderían la cena.

PRIMER FUERTE EN TIERRA FIRME

En enero de 1503 la expedición desembarcó en Santa María de Belén —«porque llegamos a dicho lugar el día de los Tres Magos»—, que se convirtió en la primera

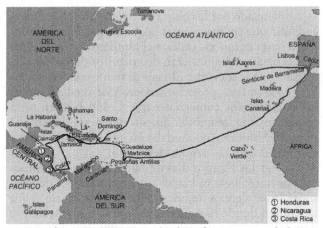

Mapa del cuarto viaje, un absoluto fracaso que se habría
matizado si Colón se hubiera dado cuenta de que
había estado tan cerca de un nuevo y desconocido océano.

colonia española en tierra continental americana, aunque duró muy poco tiempo debido a la imprevisión del almirante. Allí, en la actual costa panameña, desembocaba el río Veragua, donde había oído que había minas de oro, y entraron en él hasta la población del mismo nombre, donde comenzaron a intercambiar oro por baratijas. Luego continuaron remontando el río en busca de las minas, que encontraron. Una vez hallado el lugar adecuado para construir la villa, Colón «comenzó con diligencia a disponer su mansión, y, para esto, en cuadrillas de diez, o de menos, como lo acordaban quienes hablan de quedar, que eran en total ochenta, comenzaron a edificar casas, a distancia de un tiro de lombarda de la boca del río, pasada una cala que está a mano derecha, entrando por el río, en cuya boca se levanta un montecillo».

Decidido a acaparar todo el oro disponible en aquella tierra, fundó aquel fuerte sin tener en cuenta, por enésima vez, que los indios eran muy mansos, como él decía, hasta que la provocación de los colonos llegaba a un punto excesivo. Y él lo alcanzó tratando de despojar uno por uno a los indios de todo adorno aurífero que pudieran llevar encima. Cuando se disponía a regresar a España con las buenas noticias de aquel hallazgo, la temporada de lluvias cesó y dejó el río sin cauce suficiente, con las naves dentro sin poder alcanzar la costa. Y entonces, según Hernando, llegó a oídos del almirante que un cacique pretendía atacarles porque no quería que edificasen junto a aquel río. Fue por eso, justifica su hijo, que decidió apresar al jefe y a sus principales hombres para llevarlos a España como esclavos. El cacique Quibio logró huir y poco después unas lluvias facilitaron que las naos regresaran al mar, de modo que Colón decidió navegar a La Española a pedir ayuda antes de partir hacia la Península. Dejó en el fuerte a un grupo de hombres, que enseguida fueron asaltados por los hombres de Quibio, que dieron muerte a muchos de ellos. Los que sobrevivieron, abandonaron la fortaleza y se resguardaron en la playa, que les era más propicia para la lucha. El resto de los indios apresados en la flota de Colón lograron huir –los que no pudieron, se suicidaron esa misma noche–, y nadaron la legua que les separaba de tierra. Entonces Colón envió a un emisario a comprobar lo sucedido, y supo por este que sus hombres querían embarcarse con él y no quedar a merced de los indios. A punto había estado de repetirse la historia del fuerte La Navidad que el almirante había dejado en las Indias a su regreso del primer viaje, pero esta vez recogió a sus hombres.

Cuando tuvo que abandonar aquella posición, en abril, escribió Colón que los navíos «estavan todos comidos de broma y no los podía sostener sobre agua». La broma era un molusco que se pegaba a la madera y la deterioraba hasta destruirla. Tocó tierra durante nueve días y cuando por fin llegó el buen tiempo, trató de reemprender la navegación con aquella maltrecha flota. «Partí en nombre de la Sanctíssima Trinidad la noche de Pascua con los navíos podridos –escribiría más tarde–, abrumados, todos hechos agujeros. Allí en Belén dexé uno y hartas cosas. En Belpuerto hice otro tanto. No me quedaron salvo dos en el estado de los otros y sin barcas y vastimentos, por aver de pasar siete mil millas de mar y de agua o morir en la vía con fijo y hermano y tanta gente».

Vagando por el Caribe

El 10 de mayo pasaron por «dos islas muy pequeñas y bajas, llenas de tortugas, de las cuales estaba tan lleno todo aquel mar, que parecían escollos, por lo que se dio a estas islas el nombre de las Tortugas», hoy denominadas islas Caimán. Los dos navíos que le quedaban estaban muy dañados y hacían agua por muchas partes del casco. El 13 de mayo hizo escala en la isla de Mango, y desde allí trató de dirigirse a La Española, sabedor de que era su única salvación y convencido de que esta vez le recibirían mejor que la anterior. Pero las tempestades volvieron a aparecer y, tras perder el rumbo, varias anclas, velas y amarres, apareció en otro lugar. Así lo dejó escrito:

> Al cabo de seis días, que era ya bonança, volví a mi camino. Assí, ya perdido del todo de aparejos y con los navíos horadados de gusanos más que un panel de avejas y la gente tan acobardada y perdida, passé algo adelante de donde yo avía llegado de antes. Allí me tornó a reposar atrás la fortuna. Paré en la mesma isla en más seguro puerto. Al cabo de ocho días torné la vía y llegué a Janahica en fin de junio, siempre con vientos punteros y los navíos en peor estado; con tres bombas, tinas y calderas no podían con

toda la gente bençer el agua que entrava en el navío, ni para este mal de broma ay otra cura. Cometí el camino para me acercar a lo más cerca de la Española, que son veintiocho leguas, y no quisiera aver començado. El otro navío corrió a buscar puerto casi anegado. Yo porfié la buelta de la mar con tormenta. El navío se me anegó, que milagrosamente me truxo Nuestro Señor a tierra.

Por si hubiera dudas sobre la certeza de su desgraciado viaje, Colón se preguntaba a continuación: «¿Quién creyera lo que yo aquí escrivo?», y él mismo se respondía: «Digo que de cien partes no he dicho la una en esta letra. Los que fueron con el Almirante lo testiguen».

Después de pasar junto a Cuba, por el Jardín de la Reina, se dirigieron a Jamaica, pues los vientos no permitían tomar rumbo a La Española. El día de San Juan llegaron a Puerto Bueno, donde pudieron reparar algunos desperfectos pero no recoger víveres. En Jamaica Colón no quiso desembarcar sino utilizar los barcos como fuerte, tras la mala experiencia con los indígenas de Belén. Pero esas naves ya no podían continuar navegando. Prácticamente aislado, ya sin barcos, el 7 de julio escribió una detallada relación del viaje, la carta en la que se puede leer el relato anterior y el que sigue. La escribió confiando en que los indios la hicieran llegar a La Española, y a tal fin envió dos canoas con un español, Diego Méndez de Segura, escribano mayor de la Armada, portador de la carta, acompañado de seis cristianos y diez indios en una, y de otros tantos en la otra, al mando del genovés Bartolomé Fiesco. Hernando describió así las canoas:

> Porque parecía temerario el paso de una isla a otra, e imposible hacerle en canoas, como era necesario, porque son barcas de un madero cavado, como queda dicho, y hechas de modo que, cuando están muy cargadas, no salen una cuarta

sobre el agua; a más era obligado que, para aquel paso, fuesen medianas, pues si fueran chicas, serían muy peligrosas; y si grandes, no servirían, por su peso, a un viaje largo, ni habrían podido hacer el que se deseaba.

Con estas palabras pedía ayuda el almirante, ahora náufrago: «Si place a Vuestras Altezas de me hazer merçed de socorro un navío que pase de sesenta y cuatro, con duçientos quintales de vizcocho y algún otro vastimento, abastará para me llevar a mí y a esta gente a España». Enseguida añadía un detalle que sin duda lo tenía disgustado: «A la Española no fuera yo, bien que los navíos estuvieran para ello. Ya dixe que me fue mandado de parte de Vuestras Altezas que no llegase a ella».

La misión de Fiesco, con la otra canoa, era regresar para informar de la llegada de su compañera a La Española, mientras que aquella continuaba las doscientas cincuenta leguas que le restaban costeando la isla hasta llegar a Santo Domingo. Diego Méndez encontró muchas dificultades para llegar a La Española en canoa, y a punto estuvo de fracasar, pero mayor debió de ser su desazón cuando, una vez alcanzado su destino, el gobernador Ovando no dejó de darle largas durante meses. Cuatro días tardaron en pasar a esa isla desde Jamaica, cuatro jornadas remando y racionando el agua. Por su parte, Fiesco no regresó nunca a dar cuenta de su misión, pues una vez llegados a La Española, ninguno de los hombres que iban con él, cristiano o indio, consintió en repetir tan ardua travesía. Mientras, en Jamaica, cuarenta y ocho hombres, comandados por el capitán Francisco de Porras, se amotinaron y, después de encerrar a los hermanos Cristóbal y Bartolomé, trataron de alcanzar La Española en canoa. Fracasaron y tuvieron que regresar, pero lo hicieron a otro lugar alejado del almirante, al que habían traicionado. Tratando de afrontar la tormenta que no les dejaba alejarse de la costa primero, ni regresar después, mataron al menos a dieciocho indios, a los que arrojaban al mar y, si trataban de subir de nuevo a las canoas, les cortaban las manos, según escribió Hernando Colón. En dos ocasiones más intentarían navegar hacia La Española, hasta que perdieron las canoas, que ni siquiera sabían manejar, de ahí que necesitaran a los indios.

Colón tuvo que luchar contra un grupo de amotinados en Jamaica, imagen que reprodujo en este grabado Theodore de Bry.

LOS ENEMIGOS SE MULTIPLICAN

Padecía el almirante de gota en todos sus miembros, y apenas se podía levantar de la cama. También los indios se rebelaron contra Colón, al que habían proporcionado hasta entonces comida a cambio de baratijas, pero empezaron a pedir más a cambio, y dejaron de entregar las cantidades que los hombres, en su mayoría enfermos, necesitaban. En este caso, los conocimientos de astronomía del descubridor se hicieron valer y amenazó a los indígenas con la cólera de Dios por no ayudarle, y aseguró que esta se manifestaría con un oscurecimiento de la luna. Efectivamente, un eclipse de luna se alió con nuestro personaje para ayudarle a salir airoso de aquel trance. Así contó Hernando este episodio, en el que no ahorra loas a su padre:

> Acordóse de que al tercer día había de haber un eclipse de luna, al comienzo de la noche, y mandó que un indio de la Española que estaba con nosotros llamase a los indios principales de la provincia, diciendo que quería hablar con ellos en una fiesta que había determinado hacerles. Habiendo llegado el día antes del eclipse los caciques, les dijo por el intérprete, que nosotros éramos cristianos y creíamos en Dios, que habita en el cielo y nos tiene por súbditos, el cual cuida de los buenos y castiga a los malos, y que habiendo visto la rebelión de los cristianos, no les había dejado pasar a la Española, como pasaron Diego Méndez y Fiesco, y habían padecido los peligros y trabajos que eran notorios en la isla; que igualmente, en lo que tocaba a los indios, viendo Dios el poco cuidado que tenían de traer bastimentos, por nuestra paga y rescate, estaba irritado contra ellos, y tenía resuelto enviarles una grandísima hambre y peste. Como ellos quizá no le darían crédito, quería mostrarles una evidente señal de esto, en el cielo, para que más claramente conociesen el castigo que les vendría de su mano. Por tanto, que estuviesen aquella noche con gran atención al salir la luna, y la verían aparecer llena de ira, inflamada, denotando el mal que quería Dios enviarles. Acabado el razonamiento se fueron los indios, unos con miedo, y otros creyendo sería cosa vana.

Cuando el eclipse comenzó, los indios empezaron a temer la ira del dios de aquellos extraños. Continúa así el relato de Hernando Colón:

Pero comenzando el eclipse al salir la luna, cuanto más ésta subía, aquél se aumentaba, y como tenían grande atención a ello los indios, les causó tan enorme asombro y miedo, que con fuertes alaridos y gritos iban corriendo, de todas partes, a los navíos, cargados de vituallas, suplicando al Almirante rogase a Dios con fervor para que no ejecutase su ira contra ellos, prometiendo que en adelante le traerían con suma diligencia todo cuanto necesitase. El Almirante les dijo quería hablar un poco con su Dios; se encerró en tanto que el eclipse crecía y los indios gritaban que les ayudase. Cuando el Almirante vio acabarse la creciente del eclipse, y que pronto volvería a disminuir, salió de su cámara diciendo que ya había suplicado a su Dios, y hecho oración por ellos; que le había prometido en nombre de los indios, que serían buenos en adelante y tratarían bien a los cristianos, llevándoles bastimentos y las cosas necesarias; que Dios los perdonaba, y en señal del perdón, verían que se pasaba la ira y encendimiento de la luna. Como el efecto correspondía a sus palabras, los indios daban muchos gracias al Almirante, alababan a su Dios, y así estuvieron hasta que pasó el eclipse. De allí en adelante tuvieron gran cuidado de proveerles de cuanto necesitaban, alabando continuamente al Dios de los cristianos; porque los eclipses que habían visto alguna otra vez, imaginaban que sucedían en gran daño suyo, y no sabiendo su causa, ni que fuese cosa que ha de suceder a ciertos tiempos, ni creyendo que nadie pudiera saber en la tierra lo que pasaba en el cielo tenían por certísimo que el Dios de los cristianos se lo había revelado al Almirante.

Pasó Colón la Navidad de 1504 enfermo y negociando con los indígenas, a pesar de su precario estado, para conseguir alimentos. El descubridor ya había emprendido el viaje con achaques en la vista y una artritis que lo postraba continuamente.

El esperado rescate

Antes de recibir ayuda de Ovando, después de ocho meses varados en aquel paraje, este envió un navío con la sola intención de informarse acerca de la situación de la expedición colombina. Escribió Hernando sus sospechas, dándolas por ciertas, al acusar a Nicolás de Ovando de evitar de este modo que Colón regresara a Castilla para que los reyes no le restituyeran sus privilegios, lo que supondría que él perdería el gobierno. Hasta junio de 1504 no llegó una carabela para sacarlos de allí, y fue Diego Méndez, y no Ovando, quien la envió. Antes de esto, incluso llegó a producirse un combate entre los hombres de Colón y los amotinados, en el que estos últimos fueron sometidos. Por fin, el 13 de agosto de 1504 Colón consiguió el permiso para pisar La Española, y se encontró con el frío recibimiento de Ovando, que liberó a los prisioneros amotinados en Jamaica.

Después de alquilar una nave y mantener a su lado a tan sólo veintidós hombres además de su hermano y su hijo, pues el resto decidieron quedarse en La Española, el 12 de septiembre tomó el camino de regreso a España. Nada más salir se rompió el árbol del navío; a pesar de ese percance, la navegación fue tranquila al principio, pero una vez recorrido un tercio del océano, cuenta Hernando que «nos embistió tan terrible tempestad, que puso a la nave en grande riesgo». Una vez recuperada la calma, se rompió entonces el árbol mayor en cuatro pedazos, problema que solucionó el almirante, en cama por la gota, con la ayuda de su hermano el adelantado. Todavía padecieron otra tempestad en la que se partió la contramesana, y al fin llegaron el 7 de noviembre a Sanlúcar de Barrameda, 19 días antes del fallecimiento de la reina Isabel la Católica en Medina del Campo (Valladolid). Colón se encontraba muy enfermo, y de allí fue a Sevilla, donde se estuvo reponiendo durante seis meses. El hecho de no poder visitar a la reina en su lecho de muerte lo hundió aún más. Ella había sido su auténtica defensora todos aquellos años, incluso cuando la magnitud de la empresa colombina hizo a los reyes romper unilateralmente los compromisos adquiridos en las Capitulaciones de Santa Fe. Según Hernando, Isabel «era la que le mantenía y favorecía, habiendo hallado siempre al Rey algo seco y contrario a sus negocios».

ÚLTIMAS LUCHAS DE PODER

Una vez en España, de donde ya no volvería a salir, comenzó a luchar por la recuperación de los privilegios perdidos, que no alcanzaría a ver. Sus últimos seis años de vida, desde que fue desposeído por los reyes de todo cuanto había soñado y por lo que tanto había luchado, fueron de profunda depresión. En ningún momento desde entonces había dejado de pensar que se había cometido una gran injusticia con él, descubridor de una tierra que, lleno de soberbia, llegó a afirmar que era suya y que él, graciosamente, la había regalado a los reyes. Sin embargo, como se ha dicho tomando como fuente sus escritos, no le faltaba una posición económica más que relajada.

Aún mantuvo una última reunión con el rey Fernando, que trató de convencerlo de que renunciara definitivamente a sus derechos en las Indias a cambio del feudo de Carrión de los Condes, infinitamente más pequeño pero en España, a lo que se negó rotundamente. Según Hernando,

> Su Alteza misma y la Serenísima Reina le enviaron cuando partió al mencionado viaje; pero, dando entonces las Indias y sus cosas muestras de lo que habían de ser, y viendo el Rey Católico la mucha parte que en ellas tenía el Almirante, en virtud de lo capitulado con él, intentaba quedarse con el absoluto dominio de las Indias, y proveer a su voluntad los oficios que tocaban al Almirante, por lo que empezó a proponerle nuevos capítulos de recompensa.

También cuando regresó retomó otros trámites, que había iniciado en 1502, para casar a su primogénito, Diego, con una dama de alta alcurnia. Los matrimonios de conveniencia eran una arraigada costumbre dentro de la nobleza, previa autorización de los reyes, y Colón estrenó su condición nobiliaria buscando una mujer para su hijo. En 1505, el ducado de Medina Sidonia y la Casa de Alba se disputaban el enlace con el heredero del almirante. Y aunque Colón parecía preferir al primero, el rey Fernando negó su permiso, más preocupado entonces de sus diferencias con Felipe el Hermoso, casado con Juana la Loca y a la sazón heredero de Castilla ante la incapacidad de su mujer.

Se estaba decidiendo el futuro de España, el mantenimiento de la unión de las coronas de Castilla y Aragón o la vuelta al statu quo anterior, y las dos casas que pretendían unir sus apellidos al de Colón estaban en diferentes bandos. Juan de Guzmán, duque de Medina Sidonia, perdió su ocasión por encontrarse en el bando del yerno del rey. Los de Alba, por su parte, veían el terreno allanado para avanzar en sus ambiciones.

Al final, el fallecimiento de Felipe facilitó las cosas a Fernando, y en 1508 Diego Colón se unió en matrimonio con María de Toledo y Rojas, sobrina del segundo duque de Alba. Gracias a este enlace, Diego recuperó el cargo de gobernador de las Indias y tierra firme, en sustitución de Ovando.

MUERTE EN LA INTIMIDAD

Colón murió en Valladolid acompañado tan sólo de su hijo Hernando y de su fiel amigo Diego Méndez.

Cristóbal Colón había fallecido en Valladolid dos años antes, el 20 de mayo de 1506, acompañado tan sólo de su hijo Hernando y de un fiel amigo del almirante, Diego Méndez. Su otro hijo, Diego, y su hermano Bartolomé se encontraban con la corte en Villafranca de Valcárcel, y su hermano Diego estaba en Sevilla. Un día antes había dictado su última voluntad al escribano Pedro de Hinojedo, en la que no hacía sino una confirmación del testamento de 1502, en el que nombraba a su hijo Diego su heredero universal:

> [...] y non aviendo el hijo heredero varón, que herede mi hijo don Fernando por la mesma guisa, en non aviendo el hijo varón heredero, que herede don Bartolomé mi hermano por la misma guisa; e por la misma guisa si no tuviere hijo heredero varón, que herede otro mi hermano; que se entienda ansí de uno a otro el pariente más llegado a mi linia, y esto sea para siempre. E non herede mujer, salvo si non faltase non se fallar hombre; e si esto acaesçiese, sea la muger más allegada a mi linia.

Asimismo, Colón explicaba que hasta ese momento no había recibido ninguna renta de las Indias, a pesar de lo que había acordado con los reyes, y pedía la parte acordada para repartirla entre los suyos: «Mi intençión sería y es que don Fernando, mi hijo, uviese d'ella un cuento y medio cada un año, e don Bartholomé, mi hermano, çiento y çincuenta mil maravedís, e don Diego, mi hermano, çien mil maravedís, porque es de la Iglesia. Mas esto non lo puedo dezir determinadamente, porque fasta agora non e avido ni ay renta conoçida, como dicho es». Y, por si acaso, también se encargaba de pedir a su heredero universal que entregara una parte a sus familiares que dejó detallada en el testamento, y que se ocupara de proveer a Beatriz Enríquez, la madre de Hernando, para «que pueda bevir honestamente, como persona a quien yo soy en tanto cargo».

Dejó también en herencia las Capitulaciones de Santa Fe, que le habían otorgado prebendas que más tarde le habían sido retiradas, y el privilegio-merced dado en Granada el 30 de abril de 1492, que hacía hereditarios los cargos de almirante, gobernador y virrey, estos últimos también anulados más tarde. Asimismo dejó documentos que confirmaban estos anteriores, y todos ellos dieron razones a los herederos para continuar con los requerimientos que él comenzara en 1500 para recuperar sus privilegios. En 1508 Diego Colón llevó estos intereses por primera vez a la vía judicial en lo que se conoce como los Pleitos colombinos.

Treinta años tardaron en resolverse estas querellas, con numerosas sentencias intermedias que no contentaban a nadie y eran casi automáticamente recurridas. Por fin, el 28 de junio de 1536, con ciertas aclaraciones añadidas el 7 de julio siguiente, se dictó la sentencia arbitral de Valladolid, que si bien dejó algunos flecos sueltos, solucionó el pleito principal. Por ella se suprimieron el virreinato y la gobernación de las Indias pero se mantuvo hereditario el cargo de almirante de las Indias, que pasaría de Diego Colón a su hijo Luis tras su fallecimiento. Se constituyeron además los títulos de marqués de Jamaica y duque de Veragua para los herederos del descubridor, se dio carácter perpetuo a los oficios de alguacil mayor de Santo Domingo y de la Audiencia Insular y se concedieron tierras y rentas a los sucesores.

LOS CONTINUADORES DE SU LABOR

Cristóbal Colón falleció sin saber que las tierras en las que había querido distinguir Japón y China no eran tales sino un nuevo continente. Quedaba mucho por hacer cuando dejó este mundo y fueron otros los que, siguiendo sus pasos, cerraron una aventura que tanto le costó poner en marcha. En 1513, Vasco Núñez de Balboa alcanzó el Pacífico desde el mismo punto en el que nueve años antes había fondeado Colón sus naves, en su cuarto viaje, en busca de un paso hacia India. Unos años antes, Américo Vespucio, cosmógrafo y matemático florentino al servicio de la Corona española, había certificado que aquellas tierras constituían un nuevo continente, que acabó tomando su nombre muchos años más tarde. Ocurrió cuando el geógrafo y cartógrafo alemán Martín Waldseemüller, sin tener en cuenta el mapa que Juan de la Cosa dibujó en 1500, bautizó el nuevo continente en un libro, sobre *La Geografía* de Ptolomeo, cuyo éxito le dio amplia difusión al nombre de América.

Poco después de la hazaña de Núñez de Balboa, Fernando de Magallanes, navegante portugués también al servicio de la Corona española, logró bordear el continente por el sur, a través del estrecho que hoy lleva su nombre, y alcanzar el océano Pacífico. Llegó hasta las islas Filipinas, donde falleció, y fue Juan Sebastián de Elcano quien, al mando de la misión, alcanzó Sanlúcar de Barrameda en la que resultó ser la primera vuelta al mundo documentada de la historia.

También fueron otros los que, con sus sucesivas conquistas, descubrieron por fin los yacimientos de metales preciosos que Colón había prometido a los Reyes Católicos para lograr que estos financiaran su expedición. Hernán Cortés asimiló México a la Corona española, y Pizarro hizo lo propio con el Perú, y ese fue el momento en que la aventura transatlántica se convirtió en un negocio rentable.

Tan viajero en muerte como en vida

Aunque tras su fallecimiento fue enterrado en Valladolid, Hernando Colón escribió que «su cuerpo fue llevado después a Sevilla, y enterrado en la iglesia mayor de aquella ciudad con pompa fúnebre». Añadía el hijo pequeño del almirante que Fernando el Católico ordenó que «para perpetua fama de sus memorables hechos y descubrimiento de las Indias» se le pusiera un epitafio con esta leyenda: «A Castilla y a León Nuevo Mundo dio Colón». Y, tras esta mención, escribió su propio epitafio, con el que concluía su *Historia del almirante:*

> Palabras verdaderamente dignas de gran consideración y de agradecimiento, porque ni en antiguos ni modernos, se lee de ninguno que haya hecho esto, por lo que habrá memoria eterna en el mundo de que fue el primer descubridor de las Indias Occidentales; como también que después, en la Tierra Firme, donde estuvo, Hernando Cortés y Francisco Pizarro, han hallado muchas otras provincias y reinos grandísimos, pues Cortés descubrió la provincia del Yucatán, llamada Nueva España, con la ciudad de México, poseída entonces del Gran Montezuma, Emperador de aquellas tierras. Pizarro halló el reino del Perú, que es grandísimo y lleno de innumerables riquezas, poseído por el gran Rey Atabalipa; de cuyas provincias y reinos se traen a España, todos los años, muchos navíos cargados de oro, plata, brasil, grana, azúcar y otras muchas cosas de gran valor, además de perlas y otras piedras preciosas, por las que España y sus príncipes florecen hoy con abundancia de riquezas. LAUS DEO.

8

Los restos de Colón
quinientos años después

LOS MISTERIOSOS TRASLADOS

Cristóbal Colón falleció en Valladolid el 20 de mayo de 1506 sin haber dejado por escrito dónde quería ser enterrado. Tan sólo su hijo Diego comentó en cierta ocasión que su voluntad era descansar en la isla La Española, la tierra de la que había sido gobernador al otro lado del océano. Una decisión lógica de quien había sido el descubridor de aquel continente y que había gozado allí de una autoridad y unos privilegios que en España le habían sido negados.

Sin conocimiento de este deseo, a su fallecimiento se celebró un funeral en la misma ciudad de Valladolid, en la iglesia de Santa María la Antigua, y el enterramiento se hizo en el convento de San Francisco, donde se encuentra actualmente la plaza Mayor de la ciudad.

No existen noticias sobre una supuesta exhumación del cadáver, pero tres años más tarde un hombre que se identificó como Juan Antonio Colombo, mayordomo de Diego Colón, llegó al monasterio sevillano de La Cartuja con una urna en la que aseguraba que portaba los restos del almirante.

Aquella urna fue enterrada en la capilla de Santa Ana del mismo monasterio, donde más tarde irían a reposar también los cuerpos de los dos familiares del descubridor que llevaron el nombre de Diego, su hermano y su hijo mayor. Para enredar la cuestión, la viuda del último solicitó en 1536 que le fueran entregados los restos de su marido y de su suegro para llevarlos a Santo Domingo. Y aunque no existe documento que lo pruebe, la historia ha contado durante siglos que esta solicitud fue aprobada, y que mientras su hermano Diego permaneció en La Cartuja, el descubridor acabó reposando junto a su hijo en La Española, la isla en la que había coronado su aventura en 1492 y que hoy comparten República Dominicana y Haití.

Hernando Colón concluyó su *Historia del almirante* narrando cómo el cuerpo de su padre «fue llevado después a Sevilla, y enterrado en la iglesia mayor de aquella ciudad con pompa fúnebre; de orden del Rey Católico, para perpetua fama de sus memorables hechos y descubrimiento de las Indias, se puso un epitafio en lengua española, que decía: A Castilla y a León Nuevo Mundo dio Colón». Como suele ocurrir con muchos de los datos aportados por Hernando Colón, las dudas se mantienen, si no crecen, porque si bien Colón fue enterrado en la capilla de La Cartuja, él se refiere a la iglesia mayor de la ciudad.

Quiere esta confusa leyenda que lo que quede de Cristóbal Colón no encuentre aún descanso, y por eso se dice que al perder España la isla La Española a manos de los franceses, por medio del Tratado de Basilea, en

1795, se volvió a mudar al almirante, esta vez a La Habana, y una vez perdida también la isla de Cuba, viajó de nuevo a Sevilla, esta vez a su catedral, donde también está enterrado su hijo Hernando y donde se

El diseño de Arturo Mélida para la tumba de Colón de La Habana.

La tumba de Colón en la catedral de Sevilla.

Dos guardias custodian los supuestos restos de Colón
en Santo Domingo.

conservan los restos de la biblioteca colombina. En el
primero de esos traslados puede estar la clave, porque
mientras unos defienden que la urna que se trasladó de
una isla a otra había sido confundida con la del hijo
mayor del descubridor, otros están convencidos de que
no hubo error alguno.

El 9 de diciembre de 1898, Antonio María Fabié,
Francisco Fernández y González y Antonio Sánchez
Moguel, miembros de la Real Academia de Historia,
constataron por escrito:

> La Comisión encargada por la Academia de eva-
> cuar el informe pedido por el Excmo. Sr. Presiden-
> te del Consejo de Ministros y Ministro de Fomento,
> respecto al lugar de la nación donde hayan de repo-
> sar perpetuamente los venerados restos de Cristó-
> bal Colón trasladados desde La Habana, tiene el
> honor de manifestar á esta Real Academia que, en
> su sentido, deben ser sepultados en la Catedral de

Sevilla, en la cual, según el fehaciente testimonio de D. Fernando Colón, hijo del Almirante, estuvieron ya enterrados antes de ser llevados á la Catedral de Santo Domingo.

Como continuación del mismo informe explican:

> A este justo título se añade el no menos valioso de ser hoy el augusto templo de Sevilla el único santuario que subsiste de los tres en que estuvieron en España depositadas las cenizas del primer Almirante de las Indias; pues la Iglesia conventual de San Francisco, de Valladolid, en que descansaran primero, ha sido destruida por completo, y La Cartuja de Sevilla, donde estuvieron después, está actualmente convertida en fábrica de cerámica.

Como apoyo de esta decisión, añaden que en la misma catedral «yacen D. Fernando Colón, hijo del inmortal descubridor, y Fray Diego de Deza, Arzobispo de Sevilla, el mayor de los protectores que tuvo en su colosal empresa, como el mismo Colón nos declara». Y continúan aduciendo que «á pocos pasos de ella se hallan la Biblioteca Colombina, que guarda los más importantes autógrafos del gran navegante, y la Casa-Lonja, que encierra el Archivo de Indias».

OPORTUNAS CONFUSIONES

Cinco lugares de cuatro ciudades aseguran, pues, haber hospedado al descubridor de América tras su muerte, aunque en realidad son sólo dos, las catedrales de Santo Domingo y de Sevilla, las que aseguran conservarlo en la actualidad. Otras noticias documentadas continúan creando confusión. La teoría de quienes defienden que Colón continúa en Santo Domingo (República Dominicana) –y

también la de sus detractores–, parte de la alteración
que experimentó la urna original en varias ocasiones, que
pudo ser confundida con alguna otra de las que se
encontraban a su lado: entre 1653 y 1655 se habría
borrado la inscripción para evitar una posible profanación, cuando el arzobispo de la isla temió que se produ-
jera un saqueo por parte de los ingleses, y eso dejó a la
memoria de unos pocos la ubicación exacta de la tumba
del patriarca de los Colón, enterrado junto a su hijo
Diego y su nieto Luis; en 1664 se hicieron unas obras
que dejaron unos restos al descubierto y no queda
claro qué ocurrió con ellos, y en 1783 volvieron a aparecer debido al derrumbamiento de un muro. Hay
quien defiende que en uno de esos momentos alguien
debió de considerar que los restos encontrados perte-
necían a Colón y así lo hizo inscribir de nuevo en la
urna, mientras la auténtica, con su propio texto grabado, permanecía enterrada muy cerca, y en esta duplici-
dad estaría el origen de la controversia.

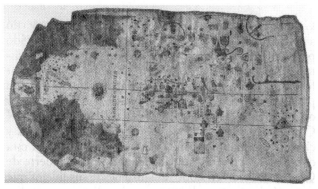

El mapa que dibujó Juan de la Cosa en 1500 ya señalaba
Cuba como una isla, hecho que Colón se había resistido
a reconocer.

El caso es que en 1877 apareció bajo el altar principal de la catedral de Santo Domingo, durante un nuevo estudio, una caja de plomo con los restos de Luis Colón, y cerca de ella, dos bóvedas: una vacía y otra con una nueva urna de plomo con una inscripción que la atribuía al almirante: «Ilustre y esclarecido varón don Cristóbal Colón». En su interior había veintiocho fragmentos de esqueleto grandes y trece pequeños, además de cenizas y una chapa de plata con la inscripción: «VTM de los restos del primer Almirante Cristóbal Colón». Aquellos restos fueron autentificados por historiadores de España, Inglaterra, Cuba y la República Dominicana, por lo que se convirtieron de nuevo en los restos oficiales del descubridor. En 1992, estos restos se trasladaron al monumento que el gobierno de aquel país construyó en homenaje a Colón, en la convicción de que los que habían viajado a La Habana y, posteriormente, a Sevilla eran los de su hijo Diego.

El ADN no engaña

Gracias a los avances de la ciencia, el ADN se convirtió a comienzos del nuevo milenio en el método escogido para comprobar cuáles son los auténticos restos de Cristóbal Colón, y José Antonio Lorente, investigador forense de la Universidad de Granada, fue el elegido para este trabajo, que también podría ayudar a desvelar otros enigmas sobre el descubridor. El proyecto ADN Colón, creado en 2002 por un grupo de profesores y científicos españoles con la intención de esclarecer esta cuestión de cara al quinto centenario de la muerte de Cristóbal Colón en 2006, aseguró desde sus inicios que no tenía intereses políticos o nacionalistas que pudieran eclipsar sus resultados; de hecho, se trataba de un proyecto no gubernamental y contaba con el apoyo de universidades extranjeras e incluso de forenses del FBI estadounidense.

El estudio del esqueleto que se encuentra en la catedral hispalense determina que pertenece al navegante, pero no despeja del todo la duda al concluir que en la tumba sólo se encuentra entre el 15 y el 20% de la osamenta, por lo que esta podría haber sido dividida, lo que daría cierta legitimidad a los huesos de Santo Domingo, a la espera de que también sean analizados, extremo al que de momento se oponen las autoridades dominicanas. El conjunto de fragmentos óseos conservado en la catedral hispalense suma entre ciento cincuenta y doscientos gramos de peso y, según los análisis, pertenecieron a un hombre que en la fecha de su muerte tenía entre cincuenta y setenta años (Colón tenía unos sesenta). Tenía una complexión física media y los huesos habían sido descarnados.

El equipo de este proyecto comparó los restos óseos conservados en la catedral con los de Diego Colón, el hermano pequeño del descubridor, que reposan en La Cartuja, para comprobar su filiación. Primero se confirmó la autenticidad de los restos de Diego Colón, que, según los resultados, había padecido desde joven de osteoporosis y artrosis, que habían envejecido su cuerpo prematuramente, e incluso una artritis tan avanzada en su mano derecha, que le había soldado los huesos. En estos restos se echaron en falta el cráneo y la mandíbula, que en los años cincuenta del siglo XX fueron enviados a Madrid para un examen con los mismos fines, pero se perdieron y no se ha vuelto a saber de ellos, de momento. La comparación del ADN mitocondrial determinó que los huesos de Cristóbal Colón conservados en la catedral y los de Diego Colón pertenecen sin duda a dos hermanos, y la antigüedad de los que se atribuyen al descubridor coinciden exactamente con la fecha de su muerte. También se compararon los restos con los de su hijo Hernando, que reposan también en la catedral de Sevilla y sobre los que nunca ha existido duda alguna. Otro estudio, el de los insectos que compartían la urna de Colón, determina que los restos viajaron efectivamente de Sevilla al Caribe antes de regresar a la catedral hispalense.

El mapa dibujado por Martin Waldseemüller en 1507 fue el primero que llamó «América» al nuevo continente, olvidando al verdadero protagonista de su descubrimiento.

En las Jornadas Histórico Científicas Colombinas celebradas en Marbella (Málaga) en marzo de 2009 se barajó también la posibilidad de que el esqueleto que se encuentra en la urna dominicana fuera colocado ahí por unos monjes que, en el siglo XVII, hacia 1655, la habían abierto y sólo habían encontrado cenizas en su interior. Disgustados al comprobar que apenas quedaban cenizas de aquel héroe nacional, habrían metido otro cuerpo allí, ajenos a los avances que siglos después permitirían dar fe de aquella profanación. Lanzada por el sociólogo dominicano Mario Bonetti, se trata de una teoría que añade ambigüedad y que sólo será certificada cuando esos restos se sometan al mencionado análisis de ADN que la República Dominicana aún no ha aceptado. Si cobrara verosimilitud, explicaría además el reducido volumen de los huesos que se conservan en la catedral de Sevilla.

Ignorando cualquier teoría que no documente la autenticidad de los restos bajo su custodia, a pesar de que se han negado a hacer o permitir los análisis que podrían corroborarla, las autoridades dominicanas continúan rindiendo homenaje al almirante cada 12 de octubre en el llamado Faro a Colón. La urna, que conserva cuarenta y un fragmentos de huesos, es abierta en esa fecha para recibir honores en conmemoración del descubrimiento de América.

9

Los hijos del almirante

DIEGO, EL PRIMOGÉNITO

Diego Colón y Moniz Perestrello, hijo mayor y sucesor de Cristóbal Colón como segundo almirante, segundo virrey y tercer gobernador de las Indias, nació en Porto Santo en 1480 –algunas fuentes dicen que pudo nacer en Lisboa–, fruto del matrimonio de este con Filipa Moniz Perestrello. Con apenas cuatro años perdió a su madre, que falleció durante el parto del que iba a ser su hermano, que tampoco sobrevivió.

Tras huir de Portugal debido a la conspiración de que su familia política había sido víctima, en 1485 Cristóbal Colón acudió a Huelva, donde se había instalado Violante Moniz Perestrello, la hermana pequeña de su mujer, para dejar a Diego a su cuidado. No volvió a hacerse cargo de él hasta 1491, cuando lo recogió y, tras recibir alojamiento y comida en el Monasterio de la Rábida, se dirigió a Córdoba para ponerlo al cuidado

Retrato de Diego Colón y Moniz Perestrello.

de Beatriz Enríquez de Arana. En ella encontró Diego Colón a una nueva madre, que le esperaba, además, con un hermano que contaba tres años, Hernando Colón, al que el almirante había dado su apellido a pesar de que se trataba de un hijo ilegítimo, pues nunca llegó a contraer matrimonio con la que sería su pareja hasta el fin de sus días.

Como parte de los privilegios que obtuvo su padre en las Capitulaciones de Santa Fe, tras su regreso triunfal del primer viaje a las Indias, en 1494 Diego se introdujo en la corte junto a su hermano como paje de don Juan, príncipe de Asturias, con el que contrajo gran amistad. A la muerte de este, en 1497, pasó a ser contino de la reina Isabel, un cargo relacionado con las finanzas reales y con la protección de la monarca. Desde su privilegiada posición defendió a su padre tras los problemas surgidos en la tercera expedición colombina. También al regreso de su cuarto viaje, en noviembre de 1504, despojado de todos sus privilegios, el descubridor lo envió a mediar ante la reina para recuperar el gobierno de las Indias. Isabel la Católica falleció sin haber cedido a sus pretensiones, y entonces Diego se dirigió al rey Fernando para insistir en sus demandas.

Al mismo tiempo que se dirimía la recuperación de su poder, Cristóbal Colón retomó los trámites para enlazar a su hijo Diego con la alta sociedad a través de su casamiento. Unos trámites que había iniciado en 1502 y que había aparcado temporalmente al inicio de su cuarto y último viaje, dejando escrito que no se tomara ninguna decisión al respecto hasta su regreso. Dada su posición social, Diego tendría que aceptar un matrimonio de conveniencia como era costumbre en la época entre la nobleza, y además había de contar con el beneplácito de los reyes. Las dos casas candidatas eran los ducados de Medina Sidonia y de Alba, en ese momento enfrentados por otros intereses. Ambos ducados gozaban de gran influencia en la Corte, y el enlace con el heredero de Colón la acrecentaría si éste recuperaba los privilegios que estaba reclamando a la Corona. Aunque el almirante prefería enlazar a su hijo con la Casa de Medina Sidonia, el rey terminó decantándose por la de Alba, más cercana a él en ese momento. Mencía de Guzmán, hija del duque de Medina Sidonia, quedó relegada en la elección.

Tras la muerte de su padre en 1506, Diego Colón fue a informar al rey, que se encontraba en Villafranca de Valcárcel (hoy Villafranca del Bierzo, en León). Fernando el Católico firmó el 2 de junio una cédula que envió al gobernador Nicolás de Ovando para que entregase al heredero todos los bienes que su padre tuviese en la isla de La Española, orden que no fue obedecida. Como heredero legítimo, Diego reclamó también los cargos que, según lo firmado en las Capitulaciones de Santa Fe, le correspondían. Ante la negativa del rey, que no quiso «conceder cargo tan importante por sucesión sin saber si los futuros sucesores de Colón reunirían condiciones para el desempeño de aquellos altos cargos», en 1508 apeló al Consejo de Indias —en los que fueron conocidos como los Pleitos colombinos, como vimos—, que acabaría dictando resolución en su favor, en primera instancia, tres años más tarde.

Mientras el rey dilataba la sentencia, Diego contrajo matrimonio con María de Toledo y Rojas, nieta del primer duque de Alba. El casamiento hizo entrar en el juego al tío de la novia y segundo duque de Alba, que intervino y logró que Fernando el Católico firmara la Real Cédula que el 29 de octubre de 1508 nombraba al joven Colón gobernador de las islas y tierra firme de las Indias en sustitución de fray Nicolás de Ovando, que había ejercido como tal desde 1501. Sin embargo, en dicho documento, Fernando lo nombró gobernador «por la gracia del rey» y no por sus derechos hereditarios.

En las maniobras dilatorias del monarca influía claramente la pésima experiencia de Cristóbal Colón como gobernador, además de las dudas sobre la capacidad de su hijo para ejercer el mismo cargo, habida cuenta que los hermanos del descubridor no habían contribuido precisamente a arreglar los entuertos que este había causado, sino más bien al contrario. Pero, además, al dar el gobierno a Diego Colón, Fernando el Católico tuvo que prescindir de Nicolás de Ovando, el hombre que había acabado con las rebeliones y los disturbios que había en La Española a su llegada, y, no menos importante, que había logrado la prosperidad de su economía y de sus habitantes, concretamente de los españoles, pues los indios fueron dramáticamente diezmados debido sobre todo a las nuevas enfermedades que habían llegado a sus tierras junto a los conquistadores. En sus siete años en la isla, la población española se había multiplicado casi por diez, hasta los tres mil habitantes. De cuatro humildes villas había pasado a tener quince, con dos de ellas, Santiago y Concepción –donde el rey había ordenado construir sendas fortalezas–, a la zaga de la capital, Santo Domingo, donde las casas de piedra, las calles empedradas y la fortaleza habían europeizado el entorno, con tiendas, tabernas y hasta un hospital, además de medios de transporte que unían las diversas poblaciones. Como complemento a la minería, había desarrollado la ganadería y la agricultura –con nuevos cultivos–, hasta lograr un autoabastecimiento que cortaba el cordón umbilical con la metrópoli.

LAS ENCOMIENDAS

Mientras el flamante gobernador de las Indias preparaba la flota de nueve naves que lo acompañarían en su viaje a través del océano, el monarca firmó en Valladolid, el 3 de mayo de 1509, las instrucciones que debía seguir en su mandato, que limitaban drásticamente su capacidad de gobernar: incluían la evangelización de los indígenas con la ayuda de los religiosos, le conminaban a aumentar la prosperidad de las posesiones de ultramar y le ordenaban mantener el régimen de las encomiendas, que suponían el sostenimiento económico de los territorios americanos. La encomienda había nacido de la obligación de los indios de pagar un tributo a la Corona como vasallos libres; como estos no tenían más forma de pagar que con su trabajo, la encomienda consistía en la cesión que el monarca hacía de su fuerza de trabajo a los encomenderos, inicialmente como premio por su contribución a la incorporación de nuevos territorios. La encomienda nació con una real provisión de 20 de diciembre de 1503 que establecía la libertad de los indios y los obligaba a convivir con los colonizadores y a trabajar para ellos, a cambio de un salario y manutención. De este modo, se aseguraba la mano de obra necesaria para la explotación minera, agrícola y ganadera. Los encomenderos tenían la obligación de sufragar los gastos de los clérigos dedicados a la evangelización, así como de prestar sus servicios en la defensa de los territorios en casos de rebelión. La encomienda se acabaría convirtiendo en una fuente de mano de obra barata que se diferenciaba de una manera muy difusa de la esclavitud, y el gobernador trató siempre de utilizar el reparto de indios en su favor.

Diego Colón partió el 3 de junio de Sanlúcar de Barrameda junto a su esposa, su hermano Hernando y sus tíos, Bartolomé y Diego, y llegaron a La Española el 10 de julio de 1509. Gracias a la influencia de su familia política, se relacionaron con las grandes fortunas de la isla y Diego recibió el trato de virrey, a pesar de que este era el único reconocimiento de su padre que aún no había logrado recuperar. Para alojarse junto a su corte, se hizo construir en Santo Domingo un palacio con cincuenta y cinco habitaciones, cuyas obras se extendieron de 1510 a 1514 y que en la actualidad permanece en pie como sede del Museo Alcázar de Colón —se conservan un total de veintidós habitaciones–, ampliamente remodelado en los años cincuenta del siglo XX.

No tardó el nuevo gobernador en reemplazar a todos los cargos administrativos y militares nombrados por su antecesor, pero tuvo que aceptar a dos personajes enviados por el rey, que tenían además el cometido añadido de vigilar sus acciones y defender los intereses de la Corona, dado que el monarca no confiaba en su capacidad de gobierno: Miguel de Pasamonte, al que nombró tesorero, y Gil González Dávila, con el cargo de contador, a quien Colón debía consultar las decisiones más importantes.

Diego Colón no mostró mayor aprecio por los indígenas que su padre y, desde que llegó a tierras americanas, se apoyó en la cédula que el rey firmó el 14 de agosto de 1509 para emprender las armadas contra los indios de las tierras donde no había españoles, debido fundamentalmente a que carecían de oro y otras fuentes de riqueza. En principio, el monarca autorizaba únicamente a capturar a indios caribes, que eran los únicos que no habían aceptado la hegemonía española y además eran antropófagos. Sin embargo, la codicia de los armadores, cuyo fin era convertirlos en esclavos, los llevó a extender los territorios de sus incursiones y hacer pasar a indios pacíficos por caribes para poder comerciar con ellos y engrosar sus beneficios.

LA IGLESIA TOMA POSICIONES

La llegada a La Española de los primeros dominicos, a partir de 1510, supuso el inicio del movimiento de defensa de los indígenas, tanto los esclavos como los sometidos mediante las encomiendas; los clérigos, escandalizados por la explotación que se hacía de los nativos, comenzaron sus denuncias al rey. Antes que

Fray Bartolomé de las Casas, que ya había viajado a América en el tercer viaje de Colón, en 1498, se convirtió en 1516 en consejero de los tres frailes jerónimos a los que el cardenal Cisneros puso al frente de las Indias.

fray Bartolomé de las Casas, fray Antón Montesinos ya se había atrevido a enfrentarse a los poderosos terratenientes; el momento culminante sucedió el 21 de diciembre de 1511, en la misa del domingo cuarto de adviento que Montesinos ofició en Santo Domingo, cuando amenazó a los asistentes con la condenación eterna por el maltrato que ejercían sobre los indios mediante el ejercicio de la encomienda, y les negó la confesión. Diego Colón denunció al fraile ante el rey, pero el resultado de esa denuncia, que tomó forma en las leyes de Burgos del 27 de diciembre de 1512, no hizo sino apoyar las tesis del religioso al regular el trato que se debía dar a los indígenas en 35 artículos, que fueron completados con otros cuatro añadidos el 28 de julio de 1513 en Valladolid; establecían, entre otras resoluciones, la libertad de los indios y su derecho a recibir un salario justo por su trabajo. Y es que al rey Fernando le preocupaba perder la legitimidad de la conquista y colonización de las Indias que habían supuesto las bulas del papa Alejandro VI, que conllevaban la cristianización de los nativos y presuponían un buen trato hacia estos.

Las leyes de Burgos introdujeron la fórmula del requerimiento, que consistía en la lectura de un documento, por parte de un funcionario real, en el que se explicaba a los indígenas de nuevas tierras conquistadas, cuando se producía el primer contacto con ellos, la oportunidad que tenían de aceptar la autoridad del papa y de los reyes de España; de lo contrario, se los podía esclavizar. Y, claro, los abusos siguieron por parte de algunos conquistadores más interesados en hacer esclavos que en cristianizar indígenas, especialmente cuando las tierras conquistadas carecían de oro y otras riquezas.

En su esfuerzo por acrecentar su poder, Diego Colón obligó a muchos españoles a emigrar a otras islas y logró culminar la conquista de Cuba por parte de Diego Velázquez de Cuéllar, Puerto Rico por Ponce de León y Jamaica por Esquivel. Su único avance en tierra firme fue el descubrimiento, por parte del

explorador extremeño Vasco Núñez de Balboa, del
océano Pacífico en 1513.

Mientras, su actitud, que no respetaba fielmen-
te el mandato del rey —entre otras decisiones, redis-
tribuyó las encomiendas de un modo más afín a sus
intereses—, dividió a la población de las Indias entre
sus partidarios, hidalgos que habían participado de
las primeras campañas de descubrimiento y conquista, y los denominados realistas, en su mayoría funcionarios reales, entre los que se encontraban los dos
emisarios del monarca. El gobernador no consiguió
imponer su poder en las dos principales ciudades,
Santo Domingo y Santiago. Como le había ocurrido
a su padre, estos problemas políticos acabaron provocando la intervención del rey. En un primer
momento, Fernando el Católico creó en 1511 la
Real Audiencia de Santo Domingo, una suerte de
tribunal de apelaciones que restaba poder al gobernador, que pretendía continuar distribuyendo a los
indígenas a su capricho. La división entre los colonizadores se hizo aún más profunda, y dos años más
tarde, en 1513, el rey Fernando quitó a Diego Colón
su derecho de confiscar y distribuir indios, y en
1514 nombró repartidores generales de los indígenas a Pedro Ibáñez de Ibarra y Rodrigo de Alburquerque. Este repartimiento general, que cumplía
las órdenes dictadas el 4 de octubre de 1513, fue
conocido como el Repartimiento de Alburquerque,
por el nombre de uno de sus protagonistas, y concedía a los beneficiarios el derecho de encomienda
para ellos y sus herederos, sin que estos pudieran
volver a legarlos. También permitía a los encomenderos cambiar a los indígenas de lugar de residencia,
lo que supuso un fuerte agravio para ellos y un paso
atrás en la defensa de sus derechos que habían iniciado los dominicos.

DIVERSIFICACIÓN ECONÓMICA

Colón aún siguió gobernando y tuvo éxito en algunos aspectos, como la construcción de nuevos asentamientos urbanos y la diversificación de la economía en previsión del agotamiento de las minas, que provocaron la emigración de muchos españoles a los nuevos territorios que se iban colonizando en el continente; la extracción de oro había disminuido no sólo por la sobreexplotación de las minas sino por el fallecimiento de numerosos indios, que constituían la mano de obra. Para reducir la dependencia del oro y frenar la masiva emigración de quienes descubrían que no era tan fácil sobrevivir en aquella «tierra prometida», el gobernador generalizó el cultivo en La Española de hortalizas, algodón y caña de azúcar e introdujo la industria azucarera, muy próspera, pues la planta que los árabes habían llevado a Europa desde India se adaptó mucho mejor al clima americano que al ibérico. Fue el propio Cristóbal Colón quien había llevado la caña de azúcar a La Española en su segundo viaje, en 1493, aunque los primeros cultivos datan de la época del gobierno de Nicolás de Ovando, en 1503, y tres años más tarde se había empezado a preparar azúcar con medios artesanales. El primer molino para la fabricación de azúcar fue construido en 1514 por el alcalde de La Vega, Miguel de Ballester. También tomó Diego Colón medidas poco populares, como la orden de que los españoles amancebados con indias se casaran con ellas bajo la amenaza de perder a los indígenas a su servicio.

Comoquiera que, a su juicio, el rey Fernando actuaba siempre en favor de sus oponentes, temeroso quizá de que los Colón se hicieran con el dominio absoluto de las islas y se independizaran de la metrópoli, Diego regresó a la Península para defender sus derechos. La muerte del rey en enero de 1516 frenó la disputa, si bien no la

Esclavos en una plantación de azúcar, en un grabado de
Theodore de Bry de 1596.

dirimió. Durante la regencia y hasta la llegada del nuevo
monarca, dos años más tarde, el cardenal Jiménez de
Cisneros dejó a tres frailes jerónimos a cargo de la
administración de las Indias, y nombró consejero de
estos a fray Bartolomé de las Casas. Llevaban la misión
de terminar con la explotación de los indios, y quizá de
comprobar la denuncia que Colón había hecho al rey
sobre la vida disoluta que muchos clérigos llevaban en
el nuevo mundo. Los padres jerónimos contribuyeron
decisivamente a la promoción de la industria azucarera
desde su llegada, otorgando terrenos y préstamos a los
productores y solicitando la entrada de esclavos negros
para trabajar en las plantaciones. En 1527 había en la
isla diecinueve ingenios y seis trapiches; el trapiche era

un molino que se empleaba para extraer el jugo de la caña de azúcar, y el ingenio era una evolución de este que se utilizaba para procesar la caña y convertirla en azúcar, y también se usaba para obtener ron, alcohol y otros productos. El mismo Diego Colón y otros personajes destacados del gobierno de las Indias, como Miguel de Pasamonte, pondrían en marcha sus propios ingenios para sacar provecho del que se convertiría en el más rentable sustituto del oro.

La espera jugó en favor del joven Colón pues, tras su coronación, Carlos I –un rey considerado extranjero y que no mostró mucho interés por el nuevo continente– no sólo le confirmó sus poderes sino que le devolvió el título de virrey, como ya había reconocido una sentencia del Consejo Real el 5 de mayo de 1511, dictada en Sevilla, que además había devuelto a su gobierno el carácter de hereditario. Una sentencia cuyo cumplimiento se había dilatado debido al recurso de Colón, descontento porque los privilegios se limitaban a las islas descubiertas personalmente por su padre, y no al resto de las Indias. El recurso, que enfadó al rey, tuvo su sentencia en La Coruña en 1520, en la que se confirmaban las limitaciones geográficas de los privilegios del heredero.

En enero de 1520 pudo regresar triunfante a La Española, porque al menos se hacía efectivo el cumplimiento de la sentencia y concluían de momento los que fueron conocidos como los Pleitos colombinos. Había recuperado la administración de justicia y el derecho a obtener una quinta parte del oro extraído en el Nuevo Mundo, además del diezmo de los beneficios económicos que produjeran aquellas tierras. Después de cuatro años en la Península, sus dominios se habían dividido al cargo de varios gobernadores, a los que rápidamente sustituyó por otros de su confianza.

Antes del regreso de Diego Colón, se produjo otro hecho relevante en la isla: el levantamiento del cacique

Enriquillo, heredero de uno de los cinco reinos indígenas originales de la isla. Criado con los franciscanos desde los siete años, Enriquillo sabía leer, hablaba perfectamente el castellano y tenía una profunda fe cristiana. Asignado junto a los suyos por el régimen de encomiendas, en 1519 se cansó de la explotación que padecían y se marchó a las montañas junto a su esposa, Mencía, y un grupo de indios. Fue perseguido, pero su guerra contra los españoles se prolongó hasta 1533, cuando firmó un acuerdo de paz con el enviado del rey, el capitán general Francisco de Barrionuevo. Logró en dicho acuerdo la libertad del pueblo taíno mediante la eliminación de la encomienda, la definición de un territorio para su pueblo y la exención del pago de impuestos a la Corona.

SI SON NEGROS, LA IGLESIA DICE SÍ A LA ESCLAVITUD

Unos esclavos negros hacen girar un trapiche.

La oposición de los padres jerónimos a hacer esclavos en el Nuevo Mundo no se reprodujo (todo lo contrario) cuando Carlos I autorizó en 1518 que se enviaran a América negros de África, mucho más fuertes que los nativos caribeños y gracias a los cuales la industria azucarera alcanzaría enormes rendimientos. No eran los primeros negros esclavizados en las Indias, pues ya desde 1501 algunos nobles habían llevado africanos entre sus sirvientes, pero en aquel caso se trataba de negros que ya habían sido, de alguna forma, europeizados, y no tenían un trabajo basado en la fuerza física. Los nuevos, sin embargo, venían directamente de África y eran oportunamente mezclados de diferentes procedencias para evitar que se organizaran contra sus propietarios. Aunque los había incluso de tan sólo nueve años de edad, la mayoría estaban entre los quince y los veinte a su llegada, y les hacían trabajar hasta dieciocho horas diarias, de lunes a domingo.

Muchos esclavos morían debido a la dureza de su trabajo y a las interminables jornadas, y otros lograban huir. A los que huían solos y se escondían en los montes se les conocía como cimarrones, y solían protagonizar ataques –cimarronadas– contra sus antiguos explotadores. Otros se organizaban en grupos para preparar rebeliones más numerosas, y los menos, también en grupos, creaban comunidades propias, ocultas de sus antiguos opresores y sin buscar el enfrentamiento con ellos. Cada ingenio podía tener entre cincuenta y seiscientos esclavos, según su tamaño. La primera rebelión importante se produjo en 1522 en dos ingenios, uno de ellos, precisamente, el de Diego Colón. Aunque logró reprimirla rápidamente, no pudo evitar el gobernador que los sublevados mataran al menos a doce españoles y que otros esclavos consiguieran escapar.

En 1523, Colón tuvo que navegar una vez más a la Península, convocado por el rey, para defenderse de las acusaciones de sus enemigos. Empezaron entonces los problemas de salud que acabarían llevándolo a la tumba sin volver a disfrutar del poder que había heredado de su padre. Partió de La Española en septiembre de 1523 y desembarcó en Sanlúcar de Barrameda el 5 de noviembre. Desde allí tuvo que recorrer la Península hasta la ciudad de Vitoria, donde se encontraba el rey. Al no quedar este totalmente convencido de la explicación de Diego Colón, lo hizo unirse a la corte, a la que acompañó a Toledo y más tarde a Sevilla, para asistir a la boda de Carlos I con Isabel de Portugal. En el camino, el 24 de febrero de 1526, el segundo almirante de las Indias, que se encontraba enfermo, tuvo que separarse de la comitiva en La Puebla de Montalbán (Toledo) debido al empeoramiento de su frágil salud. Allí se alojó en casa de Alonso Téllez Pacheco, y falleció dos días más tarde.

Su viuda le sobrevivió hasta 1549 y, con la ayuda de su cuñado, Hernando, continuó el pleito en defensa de los derechos de su familia hasta que el arbitraje de 1536 los despojó de los honores y privilegios que Cristóbal Colón había logrado en las Capitulaciones de Santa Fe. El mayor de sus siete hijos y, por tanto, heredero, Luis Colón y Toledo, logró mantener el título meramente honorífico de almirante de las Indias y, al renunciar a los derechos que le correspondían a favor de la Corona, se convirtió como compensación en el primer duque de Veragua.

HERNANDO, EL FIEL ILEGÍTIMO

Hernando Colón nació en Córdoba, el 15 de agosto de 1488, de la relación de Cristóbal Colón con Beatriz Enríquez de Arana, una joven huérfana de extracción humilde —aunque sabía leer— a la que el descubridor

Retrato de Hernando Colón.

había conocido tan sólo un año antes. Desde 1485, la corte se establecía todos los años en Córdoba durante varios meses entre la primavera y el otoño, circunstancia que llevaba allí a Cristóbal Colón con frecuencia. Beatriz Enríquez dio a luz con veintiún años y, cuatro años más tarde, cuando Colón partió en su primer viaje al nuevo mundo, se hizo cargo también de su otro hijo, Diego, al que cuidó y crió como si fuera suyo propio. La pareja nunca llegó a casarse, aunque compartieron el resto de sus días y el almirante le dejó en herencia una fortuna que ella nunca reclamó.

Es muy posible que el hecho de que no se casaran se deba a la condición de conversos cristianos de la familia de ella; por otro lado, tras su regreso de América, Colón se había convertido en un hombre rico y poderoso, lo que hacía imposible en la época su enlace con una plebeya. Sí se preocupó el navegante de que su amante no pasara necesidad, y con ese fin le traspasó la renta de diez mil maravedíes anuales que los Reyes Católicos le concedieron por haber sido el primero en ver tierra en su primer viaje a las Indias. Diez años más tarde, en 1502, encargó a su hijo Diego que le entregara otros diez mil maravedíes anuales, y más tarde, en su testamento, volvió a encargar a su heredero de que velase por ella «y la provea de todo lo necesario para que pueda vivir honestamente como a persona a quien soy en tanto cargo». Sin embargo, Diego llegaría a confesar que se había olvidado de entregarle esa suerte de pensión durante sus tres o cuatro últimos años de vida, y ordenó enviar la correspondiente cantidad a sus herederos.

Como hijo ilegítimo, Hernando no tendría derecho a heredar nada de su padre a no ser que este se casara con su madre o reclamara, como sucedió, la paternidad, presentándolo ante los reyes. Gracias a su legitimación, Colón pudo dejar a Hernando con Diego en la Corte, también como paje del príncipe de Asturias, que un día habría de convertirse en rey, con los dos hermanos como fieles servidores. Esta previsión se truncaría con la muerte del heredero de los reinos de Castilla y Aragón. Las burlas sobre su procedencia fueron muy comunes en la juventud de Hernando, por lo que evitó cuanto pudo hablar de su madre o incluso escribir sobre ella en los textos que redactó a lo largo de su vida.

BIÓGRAFO DE SU PADRE

Dejó escritas el propio Hernando las circunstancias de su llegada a la Corte en su *Historia del almirante*. Su tío Bartolomé llegó de Francia, informado por el rey galo de la hazaña de su hermano, y se apresuró a viajar a Sevilla para acompañarles a él y a su otro hermano, Diego, en la segunda expedición a las Indias, pero no llegó a tiempo. «De modo que –contaba Hernando– para cumplir cuanto éste le había encargado, muy luego, a principios del año 1494, fue a los Reyes Católicos llevando consigo a D. Diego Colón, hermano mío, y a mí, para que sirviesemos de pajes al serenísimo Príncipe D. Juan, que esté en gloria, como lo había mandado la Reina Católica Isabel, que a la sazón estaba en Valladolid».

También escribió Hernando sobre la muerte del príncipe y su nuevo destino en la Corte, unas páginas más adelante, al referirse a la espera de su padre antes de partir en su tercer viaje a las Indias: «Para que D. Diego mi hermano, y yo, que habíamos servido de pajes al Príncipe D. Juan, el cual entonces había muerto, no participásemos de su tardanza, y no estuviésemos ausentes de la Corte al tiempo de su marcha, se nos mandó, a 2 de Noviembre del año 1497, desde Sevilla, servir de pajes a la serenísima Reina doña Isabel, de gloriosa memoria».

Los problemas de gobierno que tuvieron su padre y sus tíos en La Española también tuvieron su reflejo en su vida en la Corte. Por ejemplo, cuenta en un capítulo que debido a las malas artes de los enemigos de Cristóbal Colón, que decían que llevaban años sin cobrar, su hermano y él tuvieron que sufrir no pocos insultos:

Tanto era su descaro que, cuando el Rey Católico salía, le rodeaban todos y le cogían en medio, gritando:

¡Paga, paga!; y si acaso, yo y mi hermano, que éramos pajes de la Serenísima Reina, pasábamos por donde estaban, levantaban el grito hasta los cielos, diciendo: «Mirad los hijos del Almirante de los mosquitos, de aquél que ha descubierto tierras de vanidad y engaño para sepulcro y miseria de los hidalgos castellanos»; y añadían otras muchas injurias, por lo cual nos excusábamos de pasar por delante de ellos.

Grabado que representa a Cristóbal Colón con su familia.

Fue su vida en la Corte la que le procuró una formación que le sirvió para convertirse en un humanista reconocido, gracias a las enseñanzas de Pedro Mártir de Anglería, amigo de su padre y que se encargó también de la educación de su hermano, que se convertiría más tarde en cronista de las Indias. Aunque ha pasado a la historia como el escritor de la primera biografía de Cristóbal Colón, tarea a la que se entregó en sus últimos años, Hernando también destacó en vida como matemático y cosmógrafo y por su amor por los libros.

El 9 de mayo de 1502, Hernando Colón partió de Cádiz acompañando a su padre en su cuarto viaje a las Indias, en el que también se embarcó su tío Bartolomé. Apenas contaba catorce años y tuvo que soportar las inclemencias del más duro de los viajes colombinos, lo que no hizo mella en su interés futuro por la navegación. Más bien acrecentó su admiración por su padre, cuya experiencia y determinación pudo salvarles la vida. Cuando regresó a la Península, en 1504, se integró de nuevo en la Corte. Tras el fallecimiento de su padre, dos años más tarde, recibió una herencia generosa que no fue del agrado de su hermano, junto al que viajó en 1509, en el que era su segundo viaje al Nuevo Mundo, para acompañarlo en su toma de posesión como gobernador. Decidió regresar pocos meses después, al mando del barco que llevó de vuelta a España a Nicolás de Ovando, al que había reemplazado Diego.

SUS OTRAS OBRAS

Instalado en Sevilla, sirvió de apoyo a su hermano en defensa de sus intereses ante la Corona, motivo que había impulsado su pronto retorno a la Península. Su papel intransigente frenó varias veces una solución para los Pleitos colombinos, y a la muerte de su hermano, en 1526, el Consejo puso el contador a cero y empezó de nuevo a dirimir el complicado sumario, con Hernando ya como ponente principal por parte de los Colón. La Sentencia de Dueñas del 27 de agosto de 1534, la más negativa para sus intereses de todas cuantas se habían dictado hasta entonces, terminó de apartar a Hernando, probablemente por decisión de su cuñada, María de Toledo y Rojas, que estaría actuando en beneficio de los intereses de su hijo y heredero, Luis Colón. El caso es que hasta la sentencia definitiva –aunque algunos flecos continuarían hilvanándose durante otros veinte años–, dictada en Valladolid el 28 de junio de 1536 y que acabó con las pretensiones de la familia, Hernando se mantuvo al margen, y sólo abrió la boca para lamentar el resultado.

En su faceta de geógrafo y cosmógrafo, en la que destacó ampliamente en su época a pesar de que algunos historiadores lo consideran plagiario de la obra de su padre, parece ser que a la vuelta de su viaje a las Indias en 1509 Hernando Colón traía un memorial –que no se ha conservado– repleto de ideas para poblar las Indias y continuar la tarea de conquista y colonización. Incluso le atribuyen algunos historiadores una propuesta al rey, en 1511, para comandar una nave que diera la vuelta al mundo, diez años antes de que Juan Sebastián Elcano culminara esa hazaña que había iniciado bajo el mando de Fernando de Magallanes –fallecido en Filipinas sin terminar el viaje por el que, como Colón, había buscado patrocinio en España tras haberlo intentado sin éxito en Portugal–. En 1512, Hernando Colón quiso embarcarse de nuevo para seguir explorando las Indias, pero Fernando el Católico no le concedió su permiso y en su lugar lo envió como embajador ante la Santa Sede, desde donde cultivó su amor por los libros y continuó gestionando los Pleitos colombinos. Allí pasó largas temporadas hasta 1516.

En 1517 inició, con financiación de la Corona, la redacción de *Descripción y cosmografía de España,* también conocida como *Itinerario,* un estudio geográfico en el que pretendía relatar las particularidades y datos reseñables de todos los pueblos de España mediante la información recopilada por personal enviado ex profeso, todo ello sufragado por él mismo. El proyecto se vio interrumpido el 13 de junio de 1523, cuando el Consejo de Castilla ordenó retirarle el permiso para continuarlo. Tampoco pudo terminar otra obra anexa a esta, *Vocabulario topográfico;* los manuscritos, que no llegaron a ser publicados, sobrevivieron en la biblioteca colombina y de ahí serían rescatados a finales de ese siglo como base para obras similares impulsadas por Felipe II y que en este caso sí llegarían a buen puerto.

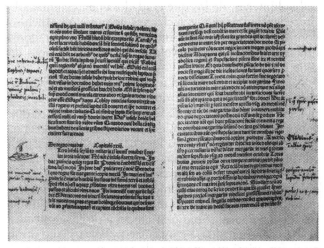

Ejemplar del *Libro de las maravillas* de Marco Polo perteneciente a la biblioteca colombina, con anotaciones de Hernando Colón.

Como amante de los libros, una pasión que heredó de su padre y de sus tíos –junto a un buen número de volúmenes que estos ya habían reunido–, Hernando hizo acopio de cuanta obra científica se publicaba en su época y las anteriores que pudo encontrar, y encontró tiempo para leer e incluso resumir la mayoría, con la intención de ayudar en la labor de los investigadores presentes y futuros. También acumuló obras poéticas, cancioneros y refraneros. Desarrolló un sistema bibliográfico inédito y muy eficaz con una detallada relación de índices, catálogos de autores y obras, y recogió toda esta información en un volumen que servía de registro, con un índice alfabético de autores, un libro de epítomes y otro de materias. Entre 1509 y 1539 buscó nuevas obras por toda Europa, sobre todo en Amberes, Lyon, Núremberg, Roma, París y Venecia, las más importantes en producción literaria, y llegó a reunir más de quince mil volúmenes, de los que cuidadosamente anotaba la procedencia, precio y fecha de adquisición. Incluso contaba con un número importante de colaboradores que le enviaban nuevos volúmenes desde ciudades de todo el continente.

La generalización del uso de la imprenta, inventada por Gutenberg a mediados del siglo XV, había incrementado la producción de libros, y el 90 % de los que constituían la biblioteca de Hernando Colón eran impresos. Algunos incluso los compraba en diferentes ediciones para compararlos y conservar el que más le gustase. Llegó a construir en 1526 un edificio para su residencia y, fundamentalmente, para la conservación de su colección, una de las más importantes del mundo en aquella época, y pidió al emperador en 1530 una ayuda económica para continuar su labor y que otros pudieran asimismo mantenerla tras su muerte. En el memorial que envió a Carlos I en defensa de esta solicitud, explicaba que el fin ambicionado por su biblioteca era reunir todo lo publicado en el mundo cristiano e incluso fuera de él.

UNA HERENCIA DESCUIDADA

En su testamento impuso unas duras condiciones para el mantenimiento y uso de su colección:

> Los libros se mantendrán todos reunidos y quien herede la Biblioteca será a condición de conservarla y acrecentarla. Se cuidará la colocación de cada ejemplar. Se separará el recinto reservado a los libros del público con una reja, la cual se mantendrá incluso cuando el interesado tenga que leer o consultar algo; en ese caso, se colocará en un sitio donde la reja tenga un hueco en que quepa la mano para pasar las hojas pues que vemos que es imposible guardarse los libros aunque tengan cien cadenas. No se prestará ni se sacará ejemplar alguno bajo fuertes penas. La plaza de encargado de la Librería (sumista) se cubrirá por oposición a celebrar en Salamanca con obligación de que el ganador ocupe ese puesto tres años como mínimo.

Si bien el heredero de esta biblioteca, así como de sus bienes, que habrían de invertirse en el sostenimiento de esta, fue su sobrino y tercer almirante de las Indias, Luis Colón, Hernando impuso como condición que para hacer efectivo el traspaso aportara cien mil maravedíes para mantenimiento y aumento de la colección. En previsión de que no aceptara esta imposición, Hernando eligió un heredero alternativo, el cabildo de la catedral de Sevilla, y aún un tercero, el monasterio de San Pablo, y un cuarto, el monasterio cartujo de las Cuevas, en este caso en régimen de depósito. Luis Colón no se preocupó siquiera de recibir esta complicada herencia, y su madre, sin atender a lo que en ella estaba escrito, en 1544 cedió los derechos al monasterio de San Pablo, saltando por encima de los derechos de la catedral hispalense, que ya los había reclamado en 1540. Finalmente, esta última logró la colección en 1552, por fallo de la cancillería de Granada, y a pesar de que tampoco invirtió los cien mil maravedíes impuestos por Hernando antes de morir, la alojó en una de sus naves, junto al Patio de los Naranjos.

En cuanto a la casa palacio de la Puerta de Goles, la que Hernando había construido a orillas del Guadalquivir para conservar la biblioteca colombina, también se perdió. Tras ser embargada, en 1563 la familia renunció a sus derechos sobre ella y sobre la huerta que Hernando había plantado a su lado, con variedades ornamentales y de frutales, a cambio de una indemnización de seiscientos ducados. El edificio acabaría desapareciendo, y sólo se conservó un árbol de origen americano, un zapote, que es conocido en Sevilla como el árbol de Colón.

De la colección de la biblioteca colombina conservada en la catedral de Sevilla sobreviven en la actualidad 1.250 incunables y 636 manuscritos. En la nave principal del mismo edificio reposan los restos del hijo ilegítimo del descubridor. Parece que la colección de grabados sirvió a la Iglesia para el pago de deudas. Por expreso deseo del fundador de esta biblioteca colombina, cada libro debía llevar esta nota anexa: «Don Hernando Colón, hijo de Don Cristóbal Colón, primer Almirante que descubrió la India, dejó este libro para uso e provecho de todos sus prójimos, rogad a Dios por él».

El rey Carlos I reconoció las aptitudes del hijo del descubridor de América y lo llevó consigo a su coronación como Carlos V de Alemania, celebrada en Aquisgrán en 1520, y a la reunión de la Dieta de Worms, que presidió en 1521. Esta asamblea de príncipes del Sacro Imperio Romano Germánico, que se extendió del 28 de

Hernando Colón acompañó a Carlos I a la Dieta
de Worms, donde, entre otros asuntos, se juzgó a Lutero
por su reforma protestante.

enero al 25 de mayo, destacó por el juicio que se hizo a
Martín Lutero debido a la reforma protestante que había
iniciado contra la autoridad de la Iglesia de Roma. A
Hernando Colón este viaje le sirvió para conocer a
Erasmo de Rotterdam, cuyas enseñanzas llevaría consi-
go en su camino de vuelta a España.

Apoyo del emperador

El emperador contó con él, en su calidad de cosmógrafo, como miembro de la Junta de Elvas-Badajoz, que
reunió en 1524 a relevantes científicos de España y
Portugal –tres astrónomos, tres marinos y tres letrados
de cada reino– para trazar la línea divisoria entre los
dominios presentes y futuros de ambas potencias, una
vez demostrada la esfericidad de la tierra y su tamaño,
mayor al calculado en los anteriores tratados. Como primer cometido, debían determinar a quién correspondía

la soberanía sobre las islas Molucas. La mayor contribución de Colón, que serviría a la postre para solucionar el problema de la longitud geográfica, consistió básicamente en explicar que el barco debía llevar un reloj que marcara la hora del punto de partida. Se trataba de un método de su invención que no pudo demostrar entonces en la práctica por falta de medios. En sus conclusiones, se mostró contrario a que Portugal pudiera reclamar posesiones al este del cabo de Buena Esperanza, y defendió la soberanía de España sobre los territorios conquistados en Persia y Arabia. Se mostró inflexible en su postura, como los portugueses en la suya, y finalmente no hubo acuerdo.

En 1526 puso en marcha un nuevo proyecto, seguramente también por encargo de Carlos I: un mapa de las Indias para cuya elaboración tomó prestados de la Casa de Contratación de Sevilla cartas de marear, cuadernos de bitácora y libros de navegación que se conservaban de los viajes realizados hasta el momento. Un material que no llegó a devolver y que pasó a engrosar los documentos de su biblioteca. El mapa lo terminó de dibujar Antonio de Chaves diez años más tarde.

Quizá la última de las empresas que inició, a partir de 1537, fue la narración de la biografía de su padre, que justificó con estas palabras:

> Siendo yo hijo del Almirante D. Cristóbal Colón, varón digno de eterna memoria, que descubrió las Indias Occidentales, y habiendo navegado con él algún tiempo, parecía que, entre las demás cosas que he escrito, debía ser una y la principal su vida y el maravilloso descubrimiento que del Nuevo Mundo y de las Indias hizo; pues los ásperos y continuos trabajos y la enfermedad que sufrió, no le dieron tiempo para convertir sus memorias en Historia.

Que esperara a cumplir cuarenta y nueve años para empezar esta obra también queda explicado en sus primeras páginas, fundamentalmente por la inexactitud de todo lo que otros habían escrito:

> Yo me apartaba de esta empresa sabiendo que otros muchos la habían intentado; pero leyendo sus obras, hallé lo que suele acontecer en la mayor parte de los historiadores, los cuales engrandecen o disminuyen algunas cosas, o callan lo que justamente debían escribir con mucha particularidad. Mas yo determiné tomar a mi cargo el empeño y fatiga de esta obra, creyendo será mejor para mí tolerar lo que quisiere decirse contra mi estilo y atrevimiento, que dejar sepultada la verdad de lo que pertenece a varón tan ilustre, pues puedo consolarme con que si en esta obra mía se hallare algún defecto, no será el que padecen la mayor parte de los historiadores, que es la poca e incierta verdad de lo que escriben. Por lo cual, solamente de los escritos y cartas que quedaron del mismo Almirante, y de lo que yo vi, estando presente, recogeré lo que pertenece a su vida e historia; y si sospechase alguno que añado algo de mi paño, esté cierto que de esto no podía seguírseme ninguna utilidad en la otra vida, y que si diese algún fruto mi trabajo, gozarán de él solamente los lectores.

Esta *Historia del almirante,* en la que narra la vida y los viajes de su padre, no fue publicada hasta años después de su muerte, que acaeció en 1539 en Sevilla. Fue su cuñada, María de Toledo, viuda de su hermano Diego, quien recibió el manuscrito en herencia, y a su vez se lo dejó a su hijo mayor, Luis, que lo entregó al genovés Baliano de Fornari, posiblemente como pago de una deuda. De este modo, el libro, escrito originalmente en castellano, se publicó sin embargo en italiano el 25 de abril de 1571. Según el prólogo, Fornari se había comprometido a editar la obra en castellano, italiano y latín, pero finalmente sólo se publicó la versión en italiano. Esta circunstancia ha alimentado las dudas sobre su autenticidad, pues si la relación de los viajes se ajusta a la realidad, la biografía de Cristóbal Colón hasta su llegada a Castilla no desvela nada, por lo que a algunos historiadores esta parte les parece más bien añadida con intereses oscuros, quizá por otro autor. Sin embargo, la forma en que adorna la vida y los orígenes de su padre, y la persistencia a la hora de ocultar su auténtica procedencia, parece muy cómplice de los deseos del descubridor, mientras que la relación del cuarto viaje, del que formó parte, cuenta detalles que un autor apócrifo no habría sido capaz de inventar. En general, el autor ensalza las glorias y oculta o matiza los errores y los capítulos oscuros de la vida de Cristóbal Colón. La obra se tuvo que traducir de nuevo al castellano –no consta que el original haya sobrevivido–, y se considera que no hay una traducción correcta hasta la que se hizo en 1932.

10

Los progresos tecnológicos y la navegación

LOS AVANCES DEL SIGLO XV

Por más que muchos han querido restar mérito al descubrimiento de América por parte de Cristóbal Colón, queriendo otorgárselo mejor a los templarios, a los vikingos o a otros personajes de muy diversas épocas, lo cierto es que fue su viaje de 1492 el que puso América en el mapa, con todo lo bueno y lo malo que ello supuso para la historia de aquel continente y de todo el mundo. Pero no debemos olvidar que si logró llevar a cabo el proyecto que tan largamente había preparado fue gracias a los avances tecnológicos que contribuyeron a mejorar la navegación para salir de un mar muy conocido, como era el Mediterráneo, a las profundas, misteriosas y en muchas ocasiones bravas aguas del océano Atlántico. Incluso el invento de la imprenta por parte del alemán Johannes Gutenberg a mediados del siglo XV influyó en su éxito, pues supuso la rápida difusión de importantes obras hasta entonces difícilmente accesibles, con lo que el conocimiento científico multiplicó su propagación.

La imprenta contribuyó a diseminar el conocimiento científico a partir del siglo XV.

Quedaría incompleta esta breve historia de la aventura colombina si en este capítulo no abordáramos la figura de un personaje fundamental para el avance tecnológico de la navegación: Enrique el Navegante, cuarto hijo –tercer varón– de Juan I de Portugal. Nacido el 4 de marzo de 1394 en Oporto en un puesto relegado de la línea de sucesión, siendo muy joven decidió dedicar sus esfuerzos a crear una Escuela que aunara los conocimientos que existían sobre la navegación e impulsara nuevos avances. Antes, a los veintiún años, había participado en la conquista de Ceuta, que él mismo había propuesto a su padre y que le valió para ser nombrado duque de Viseu.

Esta hazaña, que a corto plazo no resultó tan provechosa como cabría esperar, puesto que la ruta del comercio que llegaba a Ceuta se desvió hacia el sur, tendría a largo plazo una gran influencia en la empresa de los descubrimientos que más adelante llevaría a los portugueses hasta el origen de la riqueza que buscaban.

Un año después, en 1516, el infante don Enrique empezó la construcción de la ciudad que albergaría la escuela con la que soñaba, para la que eligió un lugar nada casual, el cabo de San Vicente, en el extremo sudeste de Portugal, que señalaba prácticamente el camino de las campañas que su país se disponía a afrontar. El reino de Portugal, en el siglo XV, se vio empujado a abrirse al mar por dos circunstancias que se complementan: por un lado, la necesidad de expansión generada por su delimitación geográfica y, por otro, el espíritu impulsivo que les dio la victoria en la batalla de Aljubarrota (1385), precisamente frente al reino de Castilla, el que le oprimía geográficamente. De ahí que el proyecto de Enrique el Navegante no fuera algo casual, sino una meditada planificación para preparar a su país en la aventura que iba a emprender.

La Ciudad del Infante creció rápidamente gracias al impulso de la Escuela de Sagres —que hoy da nombre a la ciudad—, que no tardó en convertirse en el centro de investigación más importante de la época. Desde sus inicios, la escuela se convirtió en un polo de atracción para los más grandes navegantes, con una retroalimentación producida por el intercambio de conocimientos, ya que no sólo iban a aprender sino también a aportar sus propias experiencias. La industria de la navegación se desarrolló tanto en la construcción de barcos como en los aparejos, velas e instrumentos de navegación. También la geografía y la cartografía experimentaron un importante impulso en esta escuela.

Además del apoyo financiero de su padre, que posteriormente renovaron sus hermanos —el rey Eduardo I

y el regente Don Pedro– y su sobrino –Alfonso V el
Africano– al frente del reino, Enrique pudo invertir en
su escuela las ganancias de la Orden de Cristo desde que
fue nombrado gran maestre el 25 de mayo de 1420,
cargo que mantuvo toda su vida. Esta orden, como
heredera de la extinta Orden del Temple y que, a diferencia de esta, incluía el voto de obediencia al rey, recibió como dote todas las posesiones que habían pertene-
cido a su antecesora. También utilizaría el infante esos
recursos para patrocinar la creación de una cátedra de
astronomía en la Universidad de Coímbra.

LOS DESCUBRIMIENTOS PORTUGUESES

La forma más común de navegación en la Edad Media
era la de cabotaje, que consistía en mantener siempre la
costa a la vista, avanzando de cabo en cabo. La cartografía
era fundamental para este tipo de navegación, por el que
apostó Portugal para encontrar un paso al sur de África
que le abriera la ruta, hasta entonces de leyenda, que le
llevaría a las Indias, la tierra de las especias. Los archipiélagos adyacentes al continente africano se irían incorpo-
rando a la Corona portuguesa como apoyo logístico, a
excepción de las islas Canarias, que serían motivo de controversia con la vecina Castilla. Esa importancia de la cartografía fue la razón por la que el infante don Enrique
invitó a su escuela al cartógrafo más destacado del
momento, el mallorquín Jehuda Cresques, descendiente
de Abraham Cresques, autor del Atlas catalán de 1347 y
destacado creador de mapamundis y brújulas. Mientras,
la cercana ciudad de Lagos se convirtió en el astillero
donde se construirían los barcos que iban a poner en
práctica los conocimientos reunidos por la Escuela de
Sagres. En sólo dos años, entre 1444 y 1446, se construyeron allí nada menos que cuarenta naves.

Pronto se verían los primeros resultados. Gracias a las incursiones mar adentro para explorar vientos y corrientes que ayudaran en la navegación, en 1418 fue redescubierto el archipiélago de Madeira –los romanos ya habían estado allí–, y en 1426 se descubrieron las Azores. Gil de Eanes traspasó la barrera del mundo conocido en 1434 cuando pasó del cabo Bojador. El comercio comenzó pronto a sacar provecho de las tierras africanas, especialmente gracias al tráfico de esclavos, que derivaba a las arcas de Enrique el Navegante una quinta parte de los beneficios que producía. En 1450 los portugueses llegaron a Cabo Verde y en 1460 alcanzaron Sierra Leona. Ese mismo año falleció el infante, y la escuela y el centro de construcción de Lagos se trasladaron al estuario del Tajo, junto a Lisboa. El empeño descubridor continuó y Bartolomé Díaz bordeó el cabo de Buena Esperanza a comienzos de 1488. Diez años más tarde, el propio Díaz acompañó a Vasco de Gama en su llegada a la India.

Las islas Canarias, conocidas por los europeos desde el siglo XIV, quedaron en manos de la Corona de Castilla por el Tratado de Alcaçovas en 1479, un hecho de vital importancia en la aventura descubridora de Cristóbal Colón, que también pasó, sin duda, por la Escuela de Sagres, aunque no haya quedado testimonio de este hecho. Y es que la Escuela de Sagres fue un punto de encuentro fundamental de los marinos de la época, y no podemos olvidar que Colón había vivido en Portugal antes de llegar a Castilla con su proyecto de exploración. Conocedor de los vientos alisios, que le ayudarían en su ruta, eligió el archipiélago canario como puente hacia las Indias, decisión que influyó decisivamente en la negativa de Juan II de Portugal a patrocinar su aventura. Temiendo las consecuencias de su parada en tierra castellana, el rey portugués insistió al marino en que utilizase las Azores, pero no lo logró y el Tratado de Alcaçovas, finalmente, hizo del descubrimiento de América un logro español.

La carabela fue una de las primeras aportaciones
de la Escuela de Sagres.

Además de escuela, Sagres era un centro neurálgi-
co de la navegación oceánica, punto de encuentro y, del
mismo modo, base para reclutar tripulaciones con las
que afrontar expediciones de exploración. Estas expediciones mejoraron sus expectativas con el uso de una
nueva embarcación, la carabela, seguramente la primera gran aportación de la Escuela, que fue fundamental
en los primeros viajes a América. Con unas característi-
cas que la hacían más robusta para navegar en el océano que las galeras habituales en el Mediterráneo –más
alargadas y esbeltas, lo que les confería más velocidad,
pero incapaces de soportar las olas del océano–, la carabela tenía tres mástiles, una sola cubierta y el castillo de
popa elevado. Era más pequeña que la nao, que tenía
dos cubiertas y castillos en proa y popa, cuya evolución
fue el galeón, que habría de sustituir a ambas embarcaciones.

IDEAS PARA SACAR MEJOR PROVECHO AL VIENTO

El conocimiento del viento, principal fuerza motriz de los barcos, era fundamental, y por eso los portugueses, complementando la navegación de cabotaje, comenzaron a hacer incursiones mar adentro en las que, además del clima y las corrientes, descubrieron numerosos archipiélagos. Y no sólo era necesario conocer los vientos, sino saber cómo aprovecharlos mejor sin que la fuerza de las olas hiciera las embarcaciones más vulnerables. En este sentido, se lograron nuevos avances mediante el refuerzo de los cascos con tablas a tope, el aumento del tamaño de algunas velas y el invento del rizo para recogerlas; también se empezaron a construir mayores mástiles, que iban mejor fijados a la estructura, y se redujo la longitud de la quilla.

La evolución de los tipos de velas que condujo a la combinación de las cuadradas, trapezoidales y latinas queda reflejada en el primer viaje de Colón. Mientras se reparaba la *Pinta* y el resto de la expedición esperaba en las islas Canarias, ante la tardanza, el marino aprovechó para cambiar las velas triangulares de la *Niña* por otras cuadradas, convencido de que aprovecharían mejor la fuerza motriz de los vientos, después de haber comprobado con disgusto cómo se desenvolvía esa nave en la mar. Los vientos encontrados del Mediterráneo habían sido durante siglos un magnífico campo de pruebas para el desarrollo de las velas, pero la navegación oceánica tenía sus particularidades. Las velas más comunes eran las rectangulares, con más superficie de tela para poder mover las robustas carabelas y naos, pero menos dóciles a la hora de maniobrar. Por eso, aunque las principales velas eran rectangulares, se solían combinar con velas latinas, de forma triangular, para facilitar las maniobras y aprovechar mejor el viento de popa.

La evolución de los instrumentos

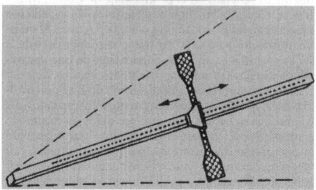

En la parte superior, astrolabio (para observar y determinar la posición y el movimiento de los astros); en la parte inferior, vara de Jacob (vara cruzada por otra que también servía para medir la posición de los astros y así calcular la latitud; evolucionó en la ballestina).

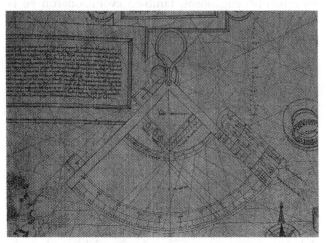

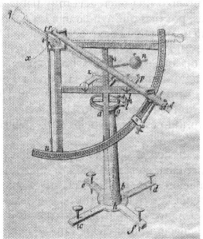

En la parte superior, cuadrante (para medir ángulos);
en la parte inferior, sextante (evolución del anterior,
con un sector de 60º).

Los instrumentos de navegación, a veces muy poco útiles e incluso engañosos, también evolucionaron en el siglo XV. El astrolabio, utilizado desde tiempos de Roma para precisar la posición de las estrellas y aplicado a la navegación por los árabes, ayudaba a fijar la latitud y a medir distancias, y su uso se extendió por influencia de la Escuela de Sagres, junto al cuadrante, hasta la invención del sextante en 1750. Los astrolabios más antiguos consistían en un disco de madera graduado en los bordes y suspendido por medio de un anillo que, al girar, señalaba la latitud del astro observado. En el siglo XV se fabricaban en metal y llevaban grabados un mapa de estrellas o el círculo del zodiaco. Con el mismo fin se utilizaban la vara de Jacob y, desde comienzos del siglo XV, la ballestina.

Las primeras brújulas europeas –los chinos la inventaron hacia el siglo IX, y en Europa apareció a finales del siglo XII– no eran una referencia muy fiable, a decir de las crónicas, por más que ayudaran a los navegantes. La primera mención escrita aparece en la obra *De utensilibus,* de Alexander Neckam, hacia 1187. En ella hablaba de una aguja que se llevaba a bordo para mostrar el rumbo a los marinos cuando la estrella Polar estaba oculta. En otro trabajo, *De naturis rerum,* el mismo autor describió su uso cuando las nubes ocultaban el cielo o el mundo estaba envuelto en la oscuridad de la noche.

Conocidas en el siglo XV como agujas de marear, Colón lamentaba, en la narración de su primer viaje, la descoordinación entre lo que decía su brújula y la posición que tenía la estrella del norte, que llegó a afirmar que no permanecía inmóvil sino que describía una pequeña oscilación en el cielo. También en su regreso del segundo viaje encontró Colón una descoordinación, en este caso entre dos brújulas diferentes:

Esta mañana, las agujas flamencas noroesteaban, como suelen una cuarta, y las genovesas, que generalmente se conforman con éstas, noroesteaban poco; después noroesteaban yendo hacia el Este, señal de que nos hallábamos a unas cien leguas al Poniente de las islas Azores; pues cuando estuvimos en las ciento, y había en el mar poca hierba de ramillos esparcidos, las agujas flamencas noroesteaban una cuarta, y las genovesas miraban al Norte; cuando estemos más al Este Noroeste, harán alguna mutación.

Según escribió Hernando Colón en su *Historia del almirante,* unos días después se confirmó esa teoría, «de lo cual se maravilla y atribuye el motivo a la diferencia de la calamita [el imán] con que se tocan las agujas; porque hasta dicha línea todas noroesteaban una cuarta, y allí las unas perseveraban, y las otras, que son las genovesas, miraban derechamente a la estrella del Norte. Lo mismo se verificó otro día más tarde, a 24 de Mayo».

En el siglo XV las brújulas no parecían indicar correctamente el norte –como le ocurrió a Colón en los episodios narrados más arriba–, sino que se formaba un ángulo con el meridiano, un fenómeno que los marinos denominaban norestear (marcar el nordeste en lugar del norte), y causaba confusión especialmente cuando se atravesaba el Atlántico en dirección a América, porque el fenómeno se invertía y noroesteaban. En definitiva, la brújula aún tardaría al menos un siglo más en ser un instrumento realmente efectivo.

La rosa de los vientos, que aparecía reflejada tanto en los mapas y cartas de marear como en las propias brújulas, estaba representada en grandes dimensiones en una gran explanada de la Escuela de Sagres. Posiblemente allí aprendió Cristóbal Colón a dibujar las cartas náuticas que le ayudarían a sobrevivir en Castilla mientras

Rosa de los vientos en la fortaleza de Sagres, donde estuvo
la escuela de Enrique el Navegante.

esperaba el apoyo de los Reyes Católicos a su proyecto de
navegación hacia las Indias. La rosa de los vientos es muy
anterior a la existencia de la brújula, y en el siglo XIII quedaron fijados los nombres de los ocho vientos (direccio-
nes) principales del Mediterráneo. En el siglo XIV estos
vientos aparecían en los mapas y cartas de navegación
con sus iniciales, y el norte se representaba con una
punta de lanza y una «T» mayúscula –de tramontana, el
viento de esa procedencia–, y hacia 1490 esa combinación evolucionó y se transformó en una flor de lis, que se
mantiene en la actualidad.

Amante del mar y de la navegación, el escritor José
Manuel Caballero Bonald nos da pistas, en *Mar adentro,*
sobre otros instrumentos utilizados en la época. Así,
explica que el astrolabio era «un sistema irreprochable-
mente científico, pero que sólo proporcionaba datos muy
aproximados», y añade: «Otros instrumentos antiguos de

reflexión, ya más ajustados para estimar los ángulos, fueron el octante –cuyo sector de medida se limita a 45º–, el sextante –que llega a 60º– y el cuadrante –que abarca los 90º–». En cuanto a la orientación astronómica, el escritor gaditano describe la corredera de barquilla: «Un artilugio muy simple, compuesto de una pieza de madera arqueada unida a un cabo graduado; al ser arrojado al agua por la popa, el cabo era arrastrado fuera del carrete durante unos segundos, con lo que podía medirse la distancia recorrida en un tiempo determinado. A partir de esa medición ya resultaba viable marcar sobre la carta la posición del barco».

11

Leyendas, bulos y algunas certezas

UNA REALIDAD SIN ADORNOS

Explica con palabras muy afortunadas el catedrático Joseph Pérez, en el prólogo al tomo XVIII de la *Historia de España* de Ramón Menéndez Pidal: «Colón no fue probablemente ni el primero ni el único que arribó a las costas de lo que iba a ser un continente hasta entonces desconocido». Y establece una diferencia entre los viajes que pudieron llevar allí, por ejemplo, a los vikingos, que se deberían a una mera casualidad, y las expediciones emprendidas por portugueses y españoles en el siglo XV, que fueron «el resultado de una larga y lenta maduración, el fruto de una herencia cultural que recoge las aportaciones que, desde hacía siglos, venían preparadas por las varias civilizaciones de la cuenca mediterránea».

Mucho se ha escrito a lo largo de cinco siglos sobre el auténtico origen de Cristóbal Colón, sobre las circunstancias que lo llevaron a encabezar la primera expedición española al Nuevo Mundo e incluso sobre el lugar donde está enterrado. Muchos lo han hecho como resultado de investigaciones más o menos afortunadas, otros llevados por el interés, no pocos dispuestos a relativizar el descubrimiento de América, como si el hecho de que otros hubieran estado allí antes que Colón restara importancia a lo que él logró, que fue democratizar ese descubrimiento, narrarlo y abrirlo, así, al conocimiento del mundo.

El primer personaje que minimizó la aventura colombina ha sido uno de los más afortunados, porque llegó a ser más conocido y respetado que el propio Colón, y a la postre el nuevo continente adoptó su nombre como homenaje a su figura. Fue Américo Vespucio, que se apresuró a diferenciar las nuevas tierras de las Indias y publicó una obra –*Mundus Novus*–, de dudosa credibilidad, en la que relataba sus supuestos viajes (los dos primeros seguramente los inventó para que las fechas le beneficiaran frente al que había convertido en su rival).

LOS SECRETOS DE HERNANDO

A Cristóbal Colón se le ha situado naciendo en Galicia, en Portugal, en Barcelona, en Mallorca, en Ibiza y en muchos otros lugares. Se ha dicho que era hijo del príncipe de Viana, hermanastro de Fernando el Católico, se le ha relacionado con los templarios y algunos aseguran que era judío, converso o no, según la versión. Curiosa casualidad que partiera de España el mismo día que los últimos judíos expulsados por los Reyes Católicos abandonaban el país.

Su propio hijo Hernando, autor de *Historia del almirante,* alimenta el misterio sin despejar la duda:

Algunos, que en cierta manera piensan oscurecer su fama, dicen que fue de Nervi; otros, que de Cugureo, y otros de Buyasco, que todos son lugares pequeños, cerca de la ciudad de Génova y en su misma ribera; y otros, que quieren engrandecerle más, dicen que era de Savona, y otros que genovés; y aun los que más le suben a la cumbre, le hacen de Plasencia, en la cual ciudad hay algunas personas honradas de su familia, y sepulturas con armas y epitafios de Colombo.

Pero está demostrado que en esta biografía Hernando no trató de contar la verdad sino, más bien, idealizar a su padre eliminando cualquier dato que pudiera hacer sombra a su historial.

Las teorías sobre su lugar de nacimiento conllevan, casi siempre, una explicación al mutismo del almirante sobre su origen. Así, el Colón nacido en Barcelona era hijo de un delincuente ajusticiado, razón que lo llevó unos años a Italia, donde cambió su nombre; el Colón gallego, de Pontevedra, ocultó su procedencia por sus vínculos judíos; el mallorquín tiene vínculos familiares que no puede airear. Y no faltan el extremeño –al confundir la Plasencia italiana con la cacereña–, el suizo, el corso y algunos más.

EL NÁUFRAGO MISTERIOSO

En cuanto a la forma en que Colón descubrió América, también surgen dudas que numerosos historiadores han apoyado en la seguridad que el almirante tenía de encontrar las Indias al otro lado del océano debido a la esfericidad de la Tierra. Una de las teorías más extendidas explica que Colón salvó en cierta ocasión a un náufrago que, en agradecimiento, le hizo entrega de un mapa o, al menos, la información precisa para alcanzar tierra navegando hacia occidente, incluyendo la ruta que debía tomar. Por eso los Reyes Católicos habrían aceptado las condiciones que Colón exigió en las Capitulaciones de Santa Fe, ansiosos por lograr una ruta alternativa a la que estaban explorando los portugueses para recuperarse del gasto que había supuesto la conquista de Granada.

El primero que recogió esta leyenda por escrito, aunque no la da por cierta, fue Gonzalo Fernández de Oviedo en 1536. En su narración, el piloto habría llegado por su propio pie a tierra y Colón lo habría recogido en su casa durante unos días, hasta que falleció, no sin darle la información necesaria para que dibujara él mismo el mapa del hallazgo. Sobre el misterioso náufrago, que habría vagado durante cuatro o cinco meses por el Atlántico hasta hallar tierra, cuenta: «Unos dicen que este maestre o piloto era andaluz; otros le hacen portugués; otros vizcaíno; otros dicen que Colom estaba entonces en la isla de Madera, e otros quieren decir que en las de Cabo Verde [...]».

Fray Bartolomé de las Casas también se hizo eco de este episodio, que, como Oviedo, había oído narrar en La Española, pero tampoco le dio verosimilitud y tan sólo le dedicó unas líneas.

Quizá tratando de confundir de nuevo para no restar mérito a su descubrimiento, Hernando Colón explicó que su padre había observado, durante su estancia en las Azores, así como en otros puntos del Atlántico durante sus viajes, cómo los vientos del oeste traían restos de árboles diferentes a los de esas islas, e incluso algunos grabados con símbolos desconocidos. Asimismo, narra la llegada de dos cuerpos de aspecto asiático arrastrados por las olas. Y sobre la leyenda del piloto misterioso, la califica de falsa y la atribuye a la mezcla de otras anécdotas que difuminan los datos.

Hernando sí daba por cierta la historia de otro piloto que habría encontrado indicios de tierra más allá del océano y se lo habría contado a su padre:

Conviene que se sepa que un Martín Vicente, piloto del Rey de Portugal, le dijo que, hallándose en un viaje a 450 leguas al Poniente del cabo de San Vicente, había cogido del agua un madero ingeniosamente labrado, y no con hierro; de lo cual, y por haber soplado muchos días viento del Oeste, conoció que dicho leño venía de algunas islas que estaban al Poniente.

Y aún añadía algunas informaciones que habrían llegado a oídos de su padre:

Pedro Correa, casado con una hermana de la mujer del Almirante, le dijo que él había visto en la isla de Puerto Santo otro madero, llevado por los mismos vientos, bien labrado como el anterior; y que igualmente habían llegado cañas tan gruesas que de un nudo a otro cabían nueve garrafas de vino. Dice que afirmaba lo mismo el Rey de Portugal, y que hablando con éste de tales cosas se las mostró; y no habiendo parajes en estas partes, donde nazcan semejantes cañas, era cierto que los vientos las habían llevado de algunas islas vecinas, o acaso de las Indias [...].

LOS SUPUESTOS MAPAS PRECOLOMBINOS

En el siglo XV existían muchos mapas de rutas marítimas, y Colón, que practicaba la cartografía, conocía a muchos marineros y pudo tener acceso a algún mapa que mostrara o le hiciera intuir que existía tierra al otro lado del océano. Pero también es cierto que de todas esas cartas, las que han llegado legibles a la actualidad suscitan dudas, ya sea por falsificaciones, añadidos o errores que han sido mal interpretados, lo que impide llegar a una conclusión clara acerca del conocimiento del continente americano antes de la llegada de Cristóbal Colón.

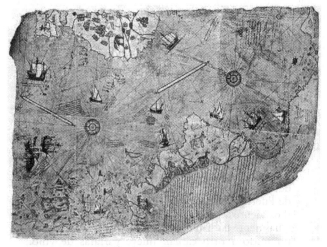

Supuestamente, Piri Reis dibujó este mapa en 1513, y
reflejó en él costas que aún no habían sido exploradas,
dando pie al misterio.

Un elemento de controversia lo constituye el mapamundi de Piri Reis, pintado sobre piel de gacela y descubierto en 1929, como contaba Javier Sierra en un
artículo publicado en junio de 1996 en la revista *Más
Allá*, durante una inspección de los fondos del antiguo
palacio imperial de Topkapi, en Estambul. Piri Reis,
que llegó a ser almirante de la flota otomana en el mar
Rojo y en el golfo Pérsico, lo habría dibujado en 1513
tomando como referencia otros mapas antiguos que
consultó en la Biblioteca Imperial de Constantinopla.

Lo extraordinario de este mapa es que, según algunos expertos, traza con gran precisión las costas atlánticas
de África, la Antártida, España, Gran Bretaña, Sudamérica y parte de Norteamérica, a pesar de que el continente
americano no estaba suficientemente explorado aún
para tal profusión datos y, no menos llamativo, que la

Antártida no había sido descubierta. En el fragmento que falta suponen esos expertos que estaba dibujado el resto de Europa, además de Asia y Australia. Un mapa posterior del mismo autor, de 1528, incluye Groenlandia, Labrador, Terranova, y la costa oriental de Norteamérica. No en vano, Reis adquirió gran fama como cartógrafo y se conservan hasta doscientos quince mapas suyos.

Añade misterio, en el mapamundi datado en 1513, la delimitación de las costas de la Antártida, que aparecen tal cual son, afirman expertos en la materia, si se elimina la capa de hielo que la recubre, con un grosor de hasta un kilómetro, por lo que ciertos defensores de la autenticidad del mapa de Piri Reis estiman que está basado en datos obtenidos hace más de seis mil años. Y, no menos sorprendente, según algunos investigadores, tal precisión debía haberse conseguido mediante imágenes tomadas desde el aire.

Si esta teoría fuera cierta, no sería descabellado pensar que Cristóbal Colón hubiera tenido acceso a un mapa similar que le habría animado a emprender su aventura. Por su parte, Piri Reis confiesa en el texto que acompaña a su mapamundi que utilizó un mapa de Colón para definir las costas e islas del mar de las Antillas.

Los detractores de estas teorías creen que donde unos ven una nítida Antártida, en realidad el cartógrafo se limitó a desviar el trazo al comprobar que no le quedaba espacio suficiente para terminar de dibujar el sur americano, más allá del Río de la Plata. Y esto podría evidenciar la existencia de viajes exploratorios desconocidos por España, seguramente auspiciados por Portugal, para hacerse con una parte del pastel americano. Mientras, El Caribe sí parece estar basado en la concepción de Colón, que había transfigurado La Española empeñado en que se trataba de Cipango, y había hecho de Cuba parte del continente, convencido de que en realidad era Catay. El mapa de Colón, que no ha llegado a nuestros días, lo habrían conseguido los turcos al asaltar unas naves españolas hacia 1501.

Por otro lado, si el conocimiento de la tierra más allá del océano era tan antiguo como Gonzalo Fernández de Oviedo dejó narrado en su *Historia general y natural de las Indias,* los cartagineses se habrían adelantado varios siglos:

> Dícese que en el mar Atlántico, más allá de las Columnas de Hércules, fue antiguamente hallada cierta isla, por algunos mercaderes cartagineses, la que jamás había sido habitada sino por bestias salvajes. Era toda una selva, llena de árboles, con muchos ríos aptos para ser navegados y abundantísima de todas las cosas que suele producir la Naturaleza, si bien distaba de tierra firme bastantes días de navegación.

Hernando Colón dedicó varias páginas de la biografía de su padre a desmontar esta teoría, achacándola a una traducción interesada del texto aristotélico, e incluso hace mofa de ella: «Podría juntarse una mentira con otra, diciendo que aquella tierra era la isla de la que Séneca, en el libro sexto de sus *Naturales,* hace mención, donde narra que, según escribe Tucídides, en tiempo de la guerra del Peloponeso se sumergió del todo, o por la mayor parte, una isla llamada Atlántida, de la cual hace mención también Platón en su *Timeo*».

China retrasó cinco siglos su hegemonía mundial

A partir del mapa de Piri Reis surge otra teoría, un tanto excéntrica, que defiende el ex capitán de las fuerzas navales británicas Gavin Menzies en su libro *1421, el año que China descubrió el mundo.* Según defiende, la masa de tierra que aparece al sur es, efectivamente, la

Antártida, pero la fuente de la que Reis habría copiado ese trazo serían mapas chinos anteriores al descubrimiento de Colón. Menzies explica que el almirante Hong Bao cartografió la costa antártica hacia 1421 y, es más, descubrió Australia y América y dio la primera vuelta al mundo. A su regreso, el emperador había sido derrocado y su sucesor sumió a China en un prolongado aislamiento y ordenó destruir la flota y las pruebas que demostrarían todos estos hechos. Una drástica forma de renunciar a unos descubrimientos que habrían otorgado a aquella nación una hegemonía mundial similar a la que ahora, seis siglos después, vuelve a acariciar.

LOS VIKINGOS, NO TAN TEMIBLES

La que sí tiene credibilidad es la narración de la llegada de los vikingos a Groenlandia. Según ésta, y gracias a un cambio climatológico que mantuvo el mar más caliente de lo normal en esas latitudes durante dos siglos, en el año 981 el príncipe noruego Erik el Rojo atravesó el Atlántico y, tras hacer escala en Islandia, llegó a la gran isla ártica. El primer asentamiento se fundó hacia 985, y a mediados del siglo XI ya había cerca de doscientas granjas, además de iglesias y monasterios, y alrededor de dos mil habitantes llegados del Viejo Continente.

Leif Erikson, hijo de Erik el Rojo, partió de Groenlandia y exploró la costa del Labrador y el este de Norteamérica, llegando probablemente hasta el actual Estado de Maine. Pero los nativos de esa zona eran más agresivos que los inuits con los que convivían en Groenlandia, y no prosiguió su camino. En esa primera expedición, junto a treinta y cinco hombres y en una sola embarcación, como cuenta Jesús Callejo en *Secretos medievales,* encontraron la gran isla de Baffin, y, siguiendo su viaje hacia el sur, tras algunas semanas de navegación, hallaron una

Estatua erigida en Boston, en la avenida de la
Commonwealth, en honor a Leif Erikson, obra de
Anne Whitney (1887).

tierra cubierta de bosques, y desembarcaron en una playa,
probablemente en la península del Labrador. Más al sur,
encontraron verdes praderas, ríos salmoneros e incluso
viñedos en la actual Terranova, cuyos pobladores los recibieron con hostilidad.

El propio Cristóbal Colón, argumentan algunos
historiadores, navegó por esa ruta noratlántica y estuvo
en Groenlandia antes de su gran aventura descubridora, lo que cuadraría con sus historias sobre los mares
septentrionales por los que decía haber viajado.

Sin embargo, quizá por puro desconocimiento de lo que tenían entre manos, el hecho es que el descubrimiento y colonización de esas tierras por parte de los vikingos no fructificó, ni restó relevancia al primer viaje oficial de Colón a tierras americanas. Lástima que siempre existe quien quiere empañar la realidad, y con ese fin se ha llegado a falsificar un mapa que pretendía demostrar que vikingos católicos habían evangelizado Norteamérica antes de la llegada de Colón. Como cuenta Callejo, el mapa, que se había datado en 1434 tras someterlo a las pruebas mediante carbono-14, había sido oportunamente completado en el siglo XX, con una calidad extraordinaria, y sólo la tinta utilizada para trazar estas últimas tierras delataron el engaño.

La plata de los templarios

Hugo de Payns, primer maestre y fundador de la Orden del Temple, que según algunos autores extraían plata de América antes de que Colón la descubriera.

La Orden del Temple también es protagonista para algunos de un supuesto predescubrimiento de América. Nacida en el siglo XII para proteger a los cristianos que emigraban a Jerusalén tras su conquista, su declive comenzó al perder esta plaza ante los musulmanes, y la gran deuda que Felipe IV de Francia contrajo con ellos se volvió en su contra cuando el monarca logró que el papa Clemente V la disolviera en 1312. Sin embargo, la historia ha revestido de misterio a los caballeros templarios y esa circunstancia ha servido a algunos para prolongar la vigencia de la orden a lo largo de los siglos e incluso situarla en América, explotando minas de plata antes de la llegada de Colón.

En 1981, en su libro *Colón llegó después,* Jacques de Mahieu enumera las oleadas de europeos que, según él, llegaron a América antes que Colón: primero, un grupo de monjes irlandeses que desembarcaron allí nada menos que en el año 877 y se desplazaron a México, pero todos acabaron muriendo; en segundo lugar estarían los vikingos, que habrían llegado a Sudamérica y se habrían integrado con su población, pero algunos habrían regresado a Europa y sus mapas habrían llegado a manos de los templarios, de los portugueses y del propio Colón, entre otros; un nuevo contingente de vikingos habría alcanzado Perú hacia el año 1000; los siguientes serían los templarios, que entre 1272 y 1294 habrían comenzado a explotar yacimientos de plata en México, habrían comerciado con los vikingos y habrían logrado, de este modo, ayudar a la construcción de catedrales en Europa; por último, en 1307 habría huido a México la flota templaria tras su disolución.

Una teoría algo más reciente narra que en 1398 el príncipe escocés Henry Saint Clair llegó a América al frente de una expedición formada por doce barcos y trescientos hombres. La misteriosa capilla de Rosslyn, construida en 1446 a unos diez kilómetros de Edimburgo,

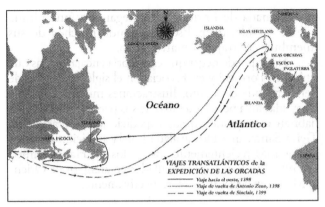

Mapa de la supuesta ruta escocesa a América en 1398.

serviría de prueba por los dibujos que alberga, que muestran vegetación que podría ser considerada de tipo americano.

EL SECRETO DE CRISTÓBAL COLÓN

El escritor David Hatcher Childress insiste en la tesis templaria en su libro *El secreto de Cristóbal Colón*. Explica que «la orden del temple, ya oficialmente disuelta, se dispersó por toda Europa y sus miembros fueron perseguidos». Pero como mantuvieron el respeto de los guerreros de toda Europa, «fueron acogidos en muchos lugares y se les dio el refugio reservado a los héroes». En cuanto a la flota que tenían amarrada en el puerto francés de La Rochelle, habría sido avisada cuando Felipe IV «ordenó las redadas de la madrugada del 13 de octubre de 1307», y tuvo tiempo suficiente para ponerse a salvo. Esta flota, finalmente, se habría dividido en tres partes: una primera que se dedicó a la piratería en el Mediterráneo, otra que quedó en Portugal, integrada

en la armada de Enrique el Navegante, y una última
que se estableció en Escocia, donde muchos de sus
miembros contrajeron matrimonio.

No se puede negar que esta teoría encaja con las que
sitúan en Portugal y en Escocia, en el siglo XV, mapas de
tierras allende el océano. Ilustraciones muy precisas que
les ayudarían a ponerse a salvo de sus perseguidores, y que
habrían conseguido en sus expediciones del pasado en
Tierra Santa; una idea avalada por la aparición de otros
mapas más recientemente, como los de Hadji Ahmed
(1559) y Piri Reis (1513), hallados en archivos de Oriente Medio en 1869 y 1929, respectivamente.

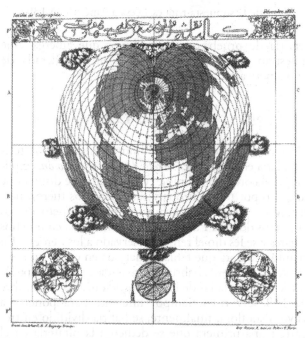

El mapa del cartógrafo árabe Hadji Ahmed, datado en 1559.

Sobre el origen de Colón, este autor defiende la teoría de que era hijo del príncipe de Viana y que nació en Mallorca en 1460, y recurre a varias coincidencias con un personaje homónimo, el Cristoforo Colombo genovés, para explicar la confusión histórica que ha llegado a nuestros días. Sobre el pasado pirata, explica que su enrolamiento a los doce años lo habría puesto en contacto con antiguos templarios. Sumando el contacto con el Temple, la supuesta búsqueda de un nuevo hogar para los judíos exiliados (considerando que Colón fuera uno de ellos) y la amplia divulgación en la época de la leyenda de las siete ciudades (siete obispos portugueses habrían logrado huir de la invasión musulmana en el siglo VIII y habrían llegado a las Antillas, donde habrían fundado igual número de ciudades, e inspirarían gran número de exploraciones atlánticas siglos después), incluso resulta ya difícil pensar que Colón, de una u otra manera, no hubiera tropezado en algún momento con un mapa que le marcara su destino.

LA TRAMA COLÓN

En *La trama Colón,* el escritor Antonio las Heras también hace un repaso pormenorizado de las numerosas teorías que circulan sobre expediciones precolombinas al nuevo continente, así como sobre el origen del descubridor. Y empieza con una suposición poco extendida hasta el momento, a pesar de las pruebas que demostrarían su certeza, que es la que cuenta las expediciones del Egipto de los faraones a aquellas tierras. Construcción de pirámides, momificación de los muertos, el calendario lunar de 370 días y restos marginales de nicotina en momias egipcias le sirven de apoyo, pero no explica la pérdida de contacto. Es más, ¿debemos suponer, sólo porque está mejor documentada, que la civilización egipcia fue la única avanzada de su época?

También relata los posibles viajes de fenicios, cartagineses, romanos y los ya comentados de turcos, vikingos, chinos, judíos y templarios. Con todo esto, cuesta no pensar en un amplio comité de bienvenida que esperara a Colón a su llegada a América el 12 de octubre de 1492.

Bibliografía

ÁLVAREZ ÁLVAREZ, Arturo. «La Rábida y Guadalupe en la aventura colombina». En: *Historia 16*, 2006; n.º 361: 8-33.

ARRANZ MÁRQUEZ, Luis. «La herencia». En: *La aventura de la Historia*, 2006; n.º 91: 90-95.
—, «Un tal Cristóbal Colón, descubridor». En: *La aventura de la Historia;* n.º 91: 58-65.

CABALLERO BONALD, José Manuel. *Mar adentro*. Madrid: Ed. Temas de Hoy, 2002.

CALLEJO, Jesús. *Secretos medievales*. Madrid: Ed. Temas de Hoy, 2006.

CASADO SOTO, José Luis. «Barcos y hombres para surcar el océano». En: *La aventura de la Historia*, 2006; n.º 91: 68-75.

CASTRO, Marcial. «Reguero de tumbas». En: *La aventura de la Historia*, 2006; n.º 91: 96-100.

CERVERA, Marco. *Breve historia de los aztecas*. Madrid: Ediciones Nowtilus, 2008.

COLÓN, Hernando. *Historia del almirante*. En: *Artehistoria Revista Digital*. Junta de Castilla y León.

CUESTA, Juan Ignacio. *Breve historia de las cruzadas*. Madrid: Ediciones Nowtilus, 2005.

ENSEÑAT DE VILLALONGA, Alfonso. *Cristóbal Colón. Orígenes, formación y primeros viajes (1446-1484)*. Madrid: Polifemo Ediciones, 2009.
—, «La genealogía oficial de Colón, ¿fábula, fraude o ignorancia?». En: *Historia 16*; n.º 361: 34-61.

GONZÁLEZ RUIZ, David. «Juana de Arco, la doncella de Orleans». En: *Breve historia de las leyendas medievales*. Madrid: Ediciones Nowtilus, 2010.

HATCHER CHILDRESS, David. *El secreto de Cristóbal Colón. La flota templaria y el descubrimiento de América*. Madrid: Nowtilus, 2005.

LAS HERAS, Antonio. *La trama Colón*. Madrid: Ediciones Nowtilus, 2006.

LUCENA SALMORAL, Manuel y POMAR MARTÍNEZ, Carmen. «El mal gobierno». En: *La aventura de la Historia*, 2006; n.º 91: 82-89.

MENÉNDEZ PIDAL, Ramón. *Historia de España*. Madrid: Espasa-Calpe, 1998.

MIGUENS, Silvia. *Breve historia de los piratas*. Madrid: Ediciones Nowtilus, 2010.

SALVADOR MIGUEL, Nicasio. «Las lecturas del almirante». En: *La Aventura de la Historia*, 2006; n.º 91: 76-81.

TEMOCHE CORTEZ, Patricia. *Breve historia de los incas*. Madrid: Ediciones Nowtilus, 2008.

URRESTI, Mariano F. «Colón, el almirante sin rostro». En: *Enigmas*, 2006; n.º 125: 24-30.

VARELA, Consuelo (ed.). *Cristóbal Colón. Los cuatro viajes. Testamento*. Madrid: Alianza Editorial, 1986.

—, «El último viaje de Cristóbal Colón». En: *Historia National Geographic*, 2006; n.º 29: 96-107.

VV. AA. *Enciclopedia Británica*. (15.ª ed.). Chicago, EE. UU.: Enciclopaedia Britannica Inc., 1979.

VV. AA. *Historia Universal*. Madrid: Ed. Salvat, 2004.

VV. AA. *Historia de España*. Madrid: Ed. El País, 2007.

Internet

1421, the year China discovered the World
www.1421.tv

ABC
www.abc.es

Arte e historia de la Junta de Castilla y León
www.artehistoria.jcyl.es

Biblioteca Virtual Miguel de Cervantes
http://bib.cervantesvirtual.com/Buscar.html?texto=colon

Cristóbal Colón en Valladolid. V Centenario
www.colon2006valladolid.es

Dominicana *on-line*, portal de la República Dominicana
www.dominicanaonline.org

El Mundo
www.elmundo.es

El País
www.elpais.com

La Vanguardia
www.lavanguardia.com

BREVE HISTORIA
www.BreveHistoria.com

Hágase amigo de **Breve Historia** en Facebook

Visite la web y descargue fragmentos gratuitos
de los libros, participe en los foros
de debate y mucho más.